Ein bizarres Jahr

Der Kampf um die USA

Von der Eröffnung des Impeachment-Verfahrens
am 18. Dezember 2019 bis zur Präsidentschaftswahl
am 3. November 2020

Karl Drechsler

Ein bizarres Jahr

Der Kampf um die USA

Von der Eröffnung des Impeachment-Verfahrens
am 18. Dezember 2019 bis zur
Präsidentschaftswahl am 3. November 2020

trafo

Bibliografische Informationen der Deutschen Nationalbibliothek
Die Deutsche Nationalbibliothek verzeichnet diese Publikation
in der Deutschen Nationalbibliografie;
detaillierte bibliografische Daten sind im Internet über
http://dnb.ddb.de abrufbar

Impressum

Karl Drechsler
„Ein bizarres Jahr. Der Kampf um die USA.
Von der Eröffnung des Impeachment-Verfahrens
am 18. Dezember 2019 bis zur Präsidentschaftswahl
am 3. November 2020“

ISBN 978-3-86465-155-7

trafo Literaturverlag
Finkenstraße 8, 12621 Berlin
Tel.: 030/612 99 418
e-mail: info@trafoberlin.de
www.trafoberlin.de
Satz & Layout: trafo Verlagsgruppe, Berlin
Umschlagsbilder: GPA Photo Archive. President Donald J. Trump Official Portrait, President Donald J. Trump, 45th President of the United States. (White House photo). Gemeinfrei / Joe Biden, wiki commons, gemeinfrei

Inhaltsverzeichnis

Vorwort

In dem hiermit präsentierten Buch wird über eines der dramatischsten und aufregendsten, tragischsten und chaotischsten Jahre in der nunmehr fast 250-jährigen, wahrlich nicht immer in ruhigen Bahnen verlaufenden Geschichte der USA berichtet. Die in den zwölf Monaten zwischen der Eröffnung eines Impeachment-Verfahrens im Repräsentantenhaus am 18. Dezember 2019 und der Präsidentschaftswahl am 3. November 2020 von einem großen Teil der Bevölkerung im Land und darüber hinaus in der Welt in großer Sorge immer wieder gestellten Fragen lauten: Wie soll es weitergehen in den Vereinigten Staaten von Amerika? Wird der Weg des Neoliberalismus, der kalten Herrschaft des Marktes, weiterhin beschritten? Wird die Kluft zwischen einer kleinen, superreichen Minderheit und der großen Mehrheit der Amerikanerinnen und Amerikaner noch tiefer werden? Bleibt die doppelte Spaltung der Gesellschaft in Oben und Unten sowie in Anhänger einer schon arg beschädigten parlamentarischen Demokratie einerseits und einer mehr autoritären Regierungsform andererseits? Darf ein zerstörerischer, unberechenbarer Präsident noch einmal vier Jahre im Amt bleiben? Kann wenigstens ein Anfang gemacht werden, um die Krise, in der sich die Gesellschaft der USA seit längerem befindet, schrittweise zu überwinden? Ist es möglich, mit der Präsidentschaftswahl am 3. November 2020, durch grundlegende soziale und politische Reformen einen Neuanfang zu wagen, vergleichbar dem von Franklin D. Roosevelt vor neun Jahrzehnten?

Behandelt wird ein Thema der Gegenwart, mit dem sich ein Historiker wie der Verfasser dieses Buches eigentlich nicht beschäftigen sollte, weil dafür andere – Journalisten, Politikwissenschaftler, Soziologen – kompetenter sind. Denn: Geschichtswissenschaft braucht einen gewissen zeitlichen Abstand zum behandelten Gegenstand, zu den „Leidenschaften des Augenblicks", wie Adlai Stevenson, damals amerikanischer Botschafter bei den Vereinten Nationen, das in einem während der Kuba-Krise geschriebenen Brief an John F. Kennedy nannte.[1] Ferner: Historiker sind es gewohnt, über eine Vielzahl und Vielfalt von Quellen und Literatur zu verfügen. Beides ist hier nicht der Fall. Der Autor stützt sich hauptsächlich auf Medien, die im *World Wide Web* abgerufen werden können: Tageszeitungen, Journale, TV-Stationen. Viel von dem, was hier zeitnah geschrieben ist, wird später zweifellos ergänzt, modifiziert und korrigiert werden müssen. Der Autor hofft aber trotzdem, dass sein Buch vor allem Jene interessieren könnte, die, ohne Spezialisten für die USA und ihre Geschichte zu sein, dieses bizarre, ereignisreiche Jahr hautnah miterlebt, in dessen Verlauf mit gebangt und mit gehofft haben und sich jetzt, kurz danach, noch einmal zusammenhängend darüber informieren möchten.

Quelle

1 Brend Greiner: Kuba-Krise. 13 Tage im Oktober. Analyse, Dokumente, Zeitzeugen. Nördlingen 1988, S. 287f.

Einleitung

Von der Eröffnung des Impeachment-Verfahrens gegen Donald Trump im Repräsentantenhaus am 18. Dezember 2019 bis zur Präsidentschaftswahl am 3. November 2020: Für die USA ist das ein bizarres Jahr, das an Dramatik kaum zu überbieten ist: Kapriolen und Turbulenzen in der Politik, unerwartete Wendungen und jähe Zuspitzungen der Lage, erbitterte Grabenkämpfe und Schlammschlachten, ein Mann im Weißen Haus, der von der einen Hälfte der Bevölkerung leidenschaftlich unterstützt, von der anderen genauso verachtet und bekämpft wird, das Kuriosum eines von vornherein aussichtslosen Impeachment-Verfahrens sowie eine immer bedrohlicher werdenden Spaltung der Gesellschaft.

Und dann, zu alledem kommt weltweit ein Virus, gegen das es, wie sich bald herausstellen soll, bisher kein Medikament und keinen Impfstoff gibt. Mit dem Übergreifen der Corona-Pandemie auf die USA in den ersten Monaten des Jahres 2020 ändert sich alles grundlegend. Nichts ist mehr so, wie es bis dahin war. Das Land wird international zum Epizentrum der Krankheit. Die Wirtschaft stürzt ab. Die Arbeitslosigkeit wächst rasant. Der Wahlkampf geht weiter, aber gedämpft, mit großen Behinderungen vor allem für die Demokratische Partei. Alles, was Trump tut, soll seiner Wiederwahl dienen. Keiner kann auch nur mit einiger Sicherheit sagen, wie es weitergehen wird, als eine zweite Welle der Pandemie das Land noch weitaus härter trifft als die erste.

Dazu noch ein Ereignis, das die Nation erschüttert. Wieder einmal, wie schon oft vorher, wird ein Afroamerikaner, George Floyd, Opfer eines brutalen Polizeieinsatzes. Er stirbt, erstickt von einem weißen Polizisten. Drei weitere sehen zu. Dieses Mal ist es aber offenkundig einmal zu viel. Hunderttausende der schwarzen Bevölkerung und anderer Minderheiten, aber auch viele Weiße gehen voller Wut und Empörung auf die Straße. Weltweit finden sie Unterstützung. Gefordert wird ein Ende des latenten Rassismus, der Polizeigewalt und der sozialen Ungerechtigkeit.

Im Herbst 2019, vor der Eröffnung des Impeachment-Verfahrens, stehen die Anhänger Trumps nach wie vor geschlossen hinter ihm. Nichts und niemand kann sie beirren. Die Republikaner in beiden Häusern des Kongresses sind weitgehend gleichgeschaltet. Kaum einer wagt Kritik. Trump möchte wohl am liebsten so regieren wie ein Ludwig XIV., dem der Satz zugeschrieben wird: „L'etat c'est moi" („Der Staat bin ich"). Es gibt niemanden, der ihn bei der bevorstehenden Wahl als Gegenkandidat ernsthaft herausfordern könnte. Ganz anders die Situation bei den Demokraten. Die Partei ist uneins und in mehrere Flügel gespalten. Diese bewerten den Platz Trumps im politischen System der USA sehr unterschiedlich, und so sind auch ihre Vorstellungen und Konzepte für das weitere Vorgehen im Wahlkampf und für eine Präsidentschaft. Die Mehrheit des Partei-Establishments meint: Donald Trump ist das eigentliche Problem der USA. Wenn er nach einer oder möglicherweise zwei Amtsperioden das Weiße Haus räumen muss, wird es sich mehr oder weniger von selbst lösen. Dann erfolgt eine Rückkehr zur Normalität. Alles wird wieder gut. Die Linken in der Partei dagegen meinen, dass ein wirklicher Neuanfang mit grundlegenden politischen und sozialen Reformen erforderlich ist, um die Probleme lösen zu können.

*

Trump ist offenkundig nicht die *Ursache*, sondern nur das *Symptom* einer tiefgehenden gesellschaftlichen Krise. Er wirkt lediglich als eine Art von „Brandbeschleuniger".[1] Die Krise beginnt schon lange vor ihm, ist das Ergebnis von Fehlentwicklungen in Politik, Wirtschaft und Gesellschaft vergangener Jahrzehnte und wird sich mit seinem Auszug aus dem Weißen Haus am 20. Januar 2021 nicht einfach lösen. Die Anfänge der Krise gehen bis in die 1970er und 1980er Jahre, letztlich bis auf den unseligen Vietnamkrieg zurück. Der führt zu einem abrupten Abbruch der von Franklin D. Roosevelt (1933–1945) begonnenen und von John F. Kennedy (1961–1963) sowie Lyndon B. Johnson (1963–1969) fortgesetzten sozial-liberalen Reformen. Die dafür vorgesehenen finanziellen Mittel fließen in die Rüstung und werden zu todbringenden Waffen. Seit der Präsidentschaft von Ronald Reagan (1981–1989) verfolgen Regierungen, politische und wirtschaftliche Eliten, die Republikanische Partei und etwas zögerlicher auch die Demokratische Partei meistens eine Politik des Neoliberalismus und Konservatismus, die die Reichen und Superreichen, die Multimillionäre und Milliardäre noch reicher macht. *Middle class* und *working class* werden mehr und mehr im Stich gelassen. Mit Reagan beginnt eine Entwicklung, die zu einer zunehmenden sozialen Kälte führt, den Graben zwischen der großen Mehrheit der Bevölkerung und einer kleinen Schicht von Superreichen immer tiefer macht und den sozialen Frieden im Land zunehmend bedroht. In den Jahrzehnten nach Reagans Abschied aus dem

Weißen Haus im Januar 1989 verliert das Washingtoner Establishment mehr und mehr an Glaubwürdigkeit, Ansehen und Legitimation. Immer mehr wird aber auch der Boden bereitet für einen Populismus mit seinem Angebot einfacher Lösungen für komplexe Probleme. Wie der Historiker Detlef Felken meint, ist der Demokrat Bill Clinton (1993–2001) langfristig gesehen vielleicht der letzte Präsident mit einer realen Chance, „die soziale Symmetrie der Nation noch einmal politisch zu gestalten, bevor der Wohlfahrtsstaat zu Lasten der sozial Schwachen bis zur Unkenntlichkeit demontiert" wird.[2] Er hat sie verspielt! George W. Bush (2001–2009) will nicht nur hinter die großen Reformprojekte des *New Deal* und der *Great Society* zurückgehen. Er plant, selbst die Reformen von Theodore Roosevelt (1901–1909) und Woodrow Wilson (1913–1919) wieder rückgängig zu machen. Nach Thomas Greven versucht Bush, mehr als jeder republikanische Präsident vor ihm, „das zwanzigste Jahrhundert aufzuhalten, es gewissermaßen ungeschehen zu machen".[3] Barack Obama kann diese Entwicklung nach rechts zwar verlangsamen, wegen des massiven Widerstands der Republikaner aber nicht mehr stoppen. Nach Meinung von linken Kritikern hat er dazu wohl auch nicht genügend Vorstellungskraft und Entschlossenheit.

Eine ganze Reihe von amerikanischen Politikern kann man mit einigem Recht als Vorläufer und Wegbereiter Trumps sehen. Dazu gehören u.a.

- *Barry Goldwater* (Republikaner), Arizona, 1953–1965 und 1969–1987 Senator. Die sozial-liberalen Reformen von Franklin D. Roosevelt, John F. Kennedy und Lyndon B. Johnson und die Bürgerrechtsgesetze der 1960er Jahre lehnt er vehement ab. Als Hardliner ficht er gegen die von Präsident Richard M. Nixon verfolgte Entspannungspolitik gegenüber der Sowjetunion. Bei der Präsidentschaftswahl 1964, ein Jahr nach der Ermordung Kennedys, kommt er gegen Johnson immerhin auf rund 38 Prozent der Stimmen. Die weißen Männer des Südens stehen, aus Protest gegen die Bürgerrechtsgesetze des vorangegangenen Jahres, mit 55 Prozent hinter ihm.

- *George Wallace*, (Demokrat), viermal zum Gouverneur des Bundesstaates Alabama gewählt. In der Inaugural-Rede zu seiner ersten Amtseinführung 1963 fasst er das Bestreben der Rassisten in den Südstaaten in einem programmatischen Satz zusammen: *„Rassentrennung heute, Rassentrennung morgen, Rassentrennung für immer!"* Am 11. Juni 1963 stellt er sich vor die Tür der Universität von Alabama, um – allerdings vergeblich – zu verhindern, dass sich zwei Afroamerikaner als Studenten einschreiben lassen. 1964 nimmt er als Kandidat an den Vorwahlen zur Präsidentschaft teil. In drei Bundesstaaten gewinnt er fast ein Drittel der Stimmen. Auf dem Nominierungsparteitag der Demokraten hat er allerdings keine Chance. Der amtierende Präsident Lyndon B. Johnson wird zum Präsidentschaftskandidaten gewählt.
- *Newt Gingrich* (Republikaner,) Georgia, Mitglied des Repräsentantenhauses 1979–1999 und dessen *Speaker* 1995–1999. Als Präsident George H. Bush, ebenfalls Republikaner, in Haushaltsfragen einen Kompromiss mit den Demokraten schließt, zettelt Gingrich eine Revolte des rechten Parteiflügels gegen ihn an. Sein Grundsatz lautet: Politische Kompromisse sind Ausdruck von Schwäche und müssen als Verrat geächtet

werden. In der Politik ist alles ein Kampf zwischen Gut und Böse.

- *Sarah Palin* (Republikanerin), Gouverneurin des Bundesstaates Alaska 2006–2009. Bei der Wahl 2008 wird sie vom republikanischen Präsidentschaftskandidaten John McCain als Kandidatin für das Amt der Vizepräsidentin nominiert. Sie verlieren gegen Barack Obama und Joe Biden. In der Folgezeit wird sie zur Leitfigur der ultrarechten *Tea-Party*-Bewegung.[4]

Im Lauf der Jahre und Jahrzehnte vor Trump wächst das Misstrauen großer Teile der Bevölkerung gegenüber dem Washingtoner Establishment sowie den politischen und wirtschaftlichen Eliten insgesamt: *So kann es nicht weitergehen, es muss sich etwas ändern* – zu der Ansicht kommen immer mehr Wählerinnen und Wähler. Trump, selbst zum Establishment gehörend, knüpft genau hier an und gewinnt die Wahl gegen Hillary Clinton. Als profilierte Vertreterin des alten Systems können ihre Erklärungen, für Erneuerung zu stehen, nicht überzeugen.

Quellen

1 Patrick, Horst/Adorf, Philipp/Decker, Frank (Hg.), Die USA – eine scheiternde Demokratie? Frankfurt/New York 2018, Vorwort der Herausgeber, S. 11.

2 Felken, Detlef, Bill Clinton 1993–2001. Wende nach innen und Krise der Autorität in: Mauch, Christof (Hg.), Die amerikanischen Präsidenten. 44 historische Portraits von George Washington bis Barack Obama, München 2013, S. 423.

3 Greven, Thomas, Die Republikaner. Anatomie einer amerikanischen Partei, München 2004, S. 155.

4 Zu den Entwicklungen und Personen, die die Wahl Trumps langfristig vorbereitet haben, siehe: Drechsler, Karl, Von Franklin D. Roosevelt zu Donald J. Trump. Präsidenten, Demokraten und Republikaner, Liberale und Konservative der USA, Berlin 2018.

1. Das Vorspiel

Die Wochen vor der Eröffnung des Impeachment-Verfahrens im Repräsentantenhaus am 18. Dezember 2019

Bereits im ersten Amtsjahr von Trump fordern einige Kongressmitglieder der Demokratischen Partei, ein Amtsenthebungsverfahren *(Impeachment)* gegen ihn einzuleiten. Wichtigster Anklagepunkt sollen die illegalen Kontakte von ihm und seinem Team zu Russland im Wahlkampf von 2016 sein. Putin habe ihn, so der Vorwurf, u.a. damit unterstützt, dass er Informationen ins Netz stellen ließ, die Hillary Clinton belasteten. Ferner soll Trump angeklagt werden, weil er Ermittlungen der demokratischen Opposition und verschiedener staatlicher Stellen in dieser Frage mit allen Mitteln zu verhindern versuchte. Als dann aber eine Untersuchungskommission nach Wochen letztlich kein eindeutig belastendes Material vorlegen kann, wird der Plan erst einmal zweitrangig.

Neu aufgegriffen wird er, als ein anonymer *Whistle-Blowe*r bekannt macht, dass Trump sein Amt für persönliche Zwecke missbraucht hat. In einem Telefongespräch mit dem ukrainischen Präsidenten Wolodymyr Selenskyj hatte er diesen aufgefordert, Ermittlungen gegen Joe Biden, seinen wahrscheinlich wichtigsten Rivalen im beginnenden Wahlkampf, und dessen Sohn zu führen. Letzterer hatte sich vermutlich durch illegale Geschäfte in der Ukraine bereichert. Sein Vater, Joe Biden, damals Vizepräsident unter Barack Obama, habe ihm unter Missbrauch seines

Amtes geholfen, möglichst unbeschadet aus der Affäre herauszukommen. Und der schwerwiegendste Vorwurf: Trump habe die Auslieferung einer lange vorher vereinbarten Militärhilfe für die Ukraine in Höhe von 400 Millionen Dollar als Druckmittel benutzt. Der Betrag sollte so lange zurückgehalten werden, bis Selenskyj mit den Ermittlungen begonnen hat.

Am 24. September 2019 leitet Nancy Pelosi als Mehrheitsführerin und Speaker des Repräsentantenhauses Ermittlungen für ein Impeachment-Verfahren ein. Einen Tag später veröffentlicht Trump ein Memorandum, aber nicht die geforderte wörtliche Wiedergabe seines Telefongesprächs mit dem ukrainischen Präsidenten. Im Oktober und November wird eine große Zahl von Zeugen vor allem aus dem *State Department* und dem diplomatischen Dienst sowie aus anderen Bereichen der Regierung in öffentlichen, vom Fernsehen übertragenen, und in nicht öffentlichen Anhörungen befragt. Der Rechtberater des Weißen Hauses Pat Cippolone hatte allerdings schon unmittelbar nach der Eröffnung des Verfahrens in einem Schreiben an Pelosi mitgeteilt, dass Trump bei den Untersuchungen nicht kooperieren werde. Diese seien ein verfassungswidriger Versuch, das Wahlergebnis von 2016 ungeschehen zu machen. In der Folgezeit weigern sich dann mehrere Regierungsmitarbeiter, den Vorladungen der Untersuchungsausschüsse nachzukommen. In der Diskussion um den anonymen *Whistle Blower* erklärt Adam Schiff, Vorsitzender des Geheimdienstausschusses des Repräsentantenhauses, möglicherweise sei dessen Aussage im Kongress gar nicht erforderlich, da seine Person geschützt werden müsse.[1] Pelosi veröffentlicht am 22. Oktober ein Informationsblatt, das die Anschuldigungen gegen Trump im Einzelnen auflistet. Darin heißt es, dass er nicht nur seinen Amtseid gebrochen, sondern auch die nationale Sicherheit gefährdet habe.[2] Zwei Tage später bringen 45 Republikaner im Senat eine Resolution ein, in der sie das Impeachment-Verfahren verurteilen.

Als der Geheimdienstausschuss unter dem Vorsitz von Schiff und der Justizausschuss unter Vorsitz von Nadler ihre Anhörungen im Wesentlichen abgeschlossen haben, beauftragt Pelosi Letzteren mit der Ausarbeitung der Anklageschrift.[3] Am 10. Dezember geben die Demokraten bekannt, dass es zwei Anklagepunkte gibt: Machtmissbrauch und Behinderung des Kongresses bei den Ermittlungen. Nadler erklärt dazu: „Es ist ein anklagbares Vergehen für einen Präsidenten, die Macht seines Amtes zu benutzen, um einen persönlichen Vorteil zu erstreben."[4]

*

Die Demokraten haben schon Monate vor dem Beginn der Ermittlungen am 24. September 2019 mit ihrem Vorwahlkampf begonnen. Im April 2019 gibt es bereits eine lange Liste von Präsidentschaftskandidatinnen und -kandidaten, bekannte und weniger oder gar nicht bekannte Persönlichkeiten. In alphabetischer Reihenfolge: Joe Biden (Joseph Robinette Biden, Jr.) (76), Bundesstaat Delaware, Favorit des Partei-Establishments, neben vielen anderen Ämtern Vizepräsident unter Barack Obama; Cory Booker (50), Washington, D.C., der erste afro-amerikanische Senator; Pete Buttigieg (37), Bürgermeister der 100.000-Einwohner-Stadt South Bend, Indiana, der jüngste Kandidat und der erste Schwule, der sich für die Präsidentschaft bewirbt; Julián Castro (44), Texas, Minister unter Obama; John Delaney (56), Mitglied des Repräsentantenhauses, Maryland, Geschäftsmann; Tulsi Gabbard (38), Hawaii, Mitglied des Repräsentantenhauses; Kirsten Gillibrand (52), Senatorin, New York; Kamala Harris (54), Senatorin, Kalifornien, vorher dort u.a. Justizministerin; John Hickenlooper (67), Colorado, vorher Gouverneur dieses Bundesstaates; Jay Inslee (68), amtierender Gouverneur des Bundesstaates Washington; Amy Klobuchar (58), Senatorin, Minnesota; Wayne Messam (44), Bürgermeister einer 120.000-Einwohner-Stadt in Florida; Beto O'Rourke (46), Texas, Mitglied des Repräsentantenhauses; Tim Ryan (45), Ohio, Mitglied des Repräsentantenhauses; Bernie Sanders (77), Vermont, Senator; Eric Swalwell (38), Kalifornien, Mitglied des Repräsentantenhauses; Elizabeth Warren (69), Massachusetts, Senatorin; Marianne Williamson (66), Best-Seller-Autorin, ohne politisches Amt; Andrew Yang (44), Geschäftsmann, Gründer verschiedener startups.

*

Im Herbst 2019 hat Trump keine schlechten Karten: Der wichtigste Faktor bei jeder Wahl ist üblicherweise die jeweilige wirtschaftliche Lage. *„It's the economy, stupid!" (frei übersetzt: Auf die Wirtschaft kommt es an, du Dummkopf!)* – der Satz von Bill Clinton gilt noch immer. Und die ist mit einer Wachstumsrate von zeitweise knapp 3 Prozent gut bis sehr gut. Im Zusammenhang damit sinkt die Arbeitslosigkeit auf 3,5 Prozent, die niedrigste seit 50 Jahren. Zwar lässt sich nie genau sagen, was dabei auf die normalen Zyklen der Wirtschaft und was auf Maßnahmen des Präsidenten zurückzuführen ist. Einige Entscheidungen Trumps haben sich aber mindestens zeitweise stimulierend auf die Wirtschaft ausgewirkt. Dazu gehören die Steuersenkungen für Unternehmen, aber auch die weitaus geringeren Vorteile für mittlere und untere Einkommensklassen, die zu einer gewissen Stärkung der Kaufkraft führten. In diesem Zusammenhang muss ferner der Druck genannt werden, den Trump mit Erfolg auf einflussreiche Manager ausübte, um ins Ausland verlagerte Arbeitsplätze in die USA zurückzubringen. Niemand kann allerdings sagen, ob es diese positive wirtschaftliche Situation zum Zeitpunkt der Wahl am 3. November 2020 noch geben wird. Einige Wirtschaftsdaten deuten darauf hin, dass der Boom zu Ende gehen könnte. An eine Pandemie, die alles ändern wird, denkt zu diesem Zeitpunkt allerdings noch niemand. Nach mehreren Umfragen zu urteilen sind viele Amerikaner und Amerikanerinnen überzeugt, dass es ihnen nach drei Jahren Trump nicht schlechter oder sogar besser geht als vorher. Die meisten Wählerinnen und Wähler halten einen Sieg Trumps für wahrscheinlich, nur wenige eine knappe Niederlage. Sebastian Hesse vom ARD-Studio in Washington, D.C., meint im November 2019 sogar: „Prognose: ein Erdrutschsieg für Donald Trump".[5]

Die Ablehnung seiner rigiden Einwanderungspolitik und seines Umgangs mit den Migranten im Land ist nicht so stark, wie aus deutscher Sicht oft angenommen. Die offen rassistischen Äußerungen des Präsidenten vor allem über Muslime und Schwarze werden zwar von sehr vielen nicht geteilt und als peinlich oder sogar skandalös empfunden. Die zum Teil mit Gewalt durchgesetzte Trennung von Einwandererfamilien an der Grenze zu Mexiko löst in einem Land, in dem die Familie höchsten Respekt genießt, überwiegend scharfe Proteste aus. Sinn und Nutzen einer sehr teuren und ohnehin mehr symbolischen Mauer an der mehr als 3.000 Kilometer langen amerikanisch-mexikanischen Grenze werden arg angezweifelt. Bei einer Zahl von 11 Millionen Illegalen im Land ist aber der Wunsch, die weitere Einwanderung zu kontrollieren und zu begrenzen, in der Bevölkerung weit verbreitet. In dieser Frage ist die öffentliche Meinung in den USA, in Deutschland und anderen europäischen Ländern durchaus vergleichbar. Besonders in den Bundesstaaten an der Grenze zu Mexiko – Kalifornien, Arizona, New Mexico und Texas – findet die rigide Immigrationspolitik Trumps beträchtliche Unterstützung. Sollte die Arbeitslosigkeit wieder steigen, würde der Druck auf ihn, die Grenze dicht zu machen, sicherlich sogar zunehmen.

Die von Trump verhängten Zölle im Handel mit China und der EU mit ihren zunehmend gefährlichen Auswirkungen auf die Weltwirtschaft werden von großen Teilen der amerikanischen Bevölkerung nicht so gesehen, wie das in Europa der Fall ist. Bei einem jährlichen riesigen Außenhandelsdefizit gilt der Versuch Trumps, dieses mit wirtschaftlichem Druck, durch Zölle, zu reduzieren, für viele als durchaus akzeptabel. Die bisherigen, wenn auch noch vagen, Zusagen von chinesischer und europäischer Seite, mehr Produkte aus den USA einzuführen, kann er als seinen Erfolg darstellen.

Laut einigen Umfragen ist eine Mehrheit der Amerikaner und -Amerikanerinnen überzeugt, dass Klimawandel und Erderwärmung menschengemacht sind. Sie zeigen sich damit problembewusster als der Präsident, der das bekanntlich abstreitet, aus dem Pariser Klimaabkommen faktisch ausgetreten ist und alle Maßnahmen eines Klimaschutzes ablehnt, die der Wirtschaft schaden oder sie behindern könnten. Der größte Teil der republikanischen Wählerschaft steht dabei auf seiner Seite. Die vorwiegende Einstellung der Wähler der Demokratischen Partei unterscheidet sich in dieser Frage deutlich. Ihre Präsidentschaftskandidaten sind daher mehrheitlich bestrebt, den Umweltschutz mit der Forderung nach einem *Green New Deal* zu einem zentralen Thema des Wahlkampfs zu machen und damit möglichst auch bisherige Wähler der Republikaner zu gewinnen. Umfragen zeigen aber auch, dass die knappe Mehrheit der Bevölkerung keinesfalls bereit ist, aus Gründen des Umweltschutzes höhere Stromrechnungen zu akzeptieren. Und, typisch für das Autoland USA: über 60 Prozent lehnen selbst eine sehr moderate Erhöhung des Benzinpreises strikt ab.

Eine höhere Besteuerung der Reichen und Superreichen ist für eine Mehrheit der Bevölkerung wünschenswert. Weit über die Hälfte hält die gegenwärtige Vermögensverteilung für ungerecht. Trotzdem bekennen sich nicht alle Präsidentschaftskandidaten der Demokratischen Partei zur Forderung nach einer Reichensteuer. Ein Grund ist wohl die Furcht, damit wichtige Spender zu verlieren. Der Milliardär Trump lehnt eine Reichensteuer vehement ab und wird versuchen, darauf überhaupt nicht einzugehen.

In der Gesundheitspolitik hat er schlechte Karten. Seine Vorschläge für eine Krankenversicherung werden nicht nur von den Kongressabgeordneten der Demokratischen Partei, sondern auch von vielen seiner eigenen Partei abgelehnt: den einen geht er zu weit, den anderen nicht weit genug. Die Demokraten können mit ihrem Eintreten für *Obamacare* und dessen Ausbau gegen Trump punkten. Mit der Forderung von Elizabeth Warren, Bernie Sanders und anderen Linken, nicht nur eine staatlich gestützte

Krankenversicherung einzuführen, sondern die privaten generell abzuschaffen, werden sie in der Mitte der Gesellschaft aber mit Sicherheit eine große Zahl von Stimmen verlieren. Das wäre für viele Versicherte ein nicht zu tolerierender Eingriff des Staates in persönliche Freiheiten.

Fragen der Außenpolitik spielen in amerikanischen Wahlkämpfen generell keine große Rolle. Auf Interesse stößt allerdings Trumps Ankündigung, den Einsatz von Truppen im Ausland zu reduzieren bzw. sogar ganz zu vermeiden. Er kann sich dabei auf andere Präsidenten vor ihm berufen, die darauf hingewiesen haben, dass es nicht für jedes Problem auf Erden eine amerikanische Lösung geben kann und die USA nicht überall als Weltpolizist auftreten sollten. Angesichts des Debakels der USA in Afghanistan, im Irak, in Syrien und Libyen wird das von vielen Amerikanerinnen und Amerikanern unterstützt. – Die Beziehungen zu Russland will Trump anfangs verbessern. Nach der Annexion der Krim durch Russland verschlechtern sie sich aber deutlich. Bei einer Bewertung der Krim- und Ostukraine-Frage und der Politik Putins insgesamt sollte man allerdings die Warnung von George F. Kennan, dem Vater des *Containment*-Konzepts und späteren Kritikers der amerikanischen Politik des Kalten Krieges, nicht vergessen. 1997 erklärte er, die Osterweiterung der NATO ist der „verhängnisvollste Fehler der amerikanischen Politik in der Ära nach dem Kalten Krieg“, weil sie „die russische Außenpolitik in Richtungen zwingt, die uns entschieden missfallen werden“.[6] – Der angekündigte Abzug amerikanischer Truppen aus Afghanistan wird von einer Mehrheit der Bevölkerung und auch von der Demokratischen Partei begrüßt. Die Erfüllung der bei Auslandseinsätzen fast immer populären Forderung *„Bring our Boys Home!“* verhalf schon mehreren Präsidenten zu Stimmengewinnen. – Wie sich die Lage im Nahen Osten entwickeln wird, ist noch unklar. Offenkundig gibt es in Regierungskreisen und unter Militärs zahlreiche Hardliner, die einen Krieg mit dem Iran wollen. Trump müsste eigentlich versuchen, ihn zu vermeiden. Im Wahlkampf würde ihm eine solche militärische Aktion mit unsicherem Ende und unabsehbaren Konsequenzen zweifellos schaden.

Trump ist Teil des international agierenden Rechtspopulismus. Die Liste der Länder, in denen diese Bewegung und ihre Parteien an Einfluss gewonnen haben, ist inzwischen ziemlich lang, und „Trump pflegt eine peinliche Kameraderie mit Autokraten“.[7] Er wird das ganze ideologische Arsenal des Rechtspopulismus nutzen, um Wählerinnen und Wähler zu gewinnen, die dafür empfänglich sind, vor allem auch aus den Reihen derer, die 2016 nicht gewählt haben.

Bei seinen Anhängern spricht noch weiteres für ihn: Sein Nationalismus und Rassismus entsprechen weitgehend ihrem eigenen Weltbild. Ferner: Er hat keine Gesetze erlassen, die Kauf und Gebrauch von Waffen einschränken würden. Das liegt nicht nur im Interesse der Waffen-Lobby, sondern wird auch von einem beträchtlichen Teil der Bevölkerung unterstützt. Durch die Wahl konservativer Richter in den *Supreme Court* ist garantiert, dass dieses Gremium für längere Zeit Entscheidungen im Sinne einer rechten Politik treffen wird. Das neue Kräfteverhältnis im Obersten Gericht garantiert, dass es in den für die Traditionalisten des Landes wichtigen Fragen wie Abtreibungen, Ehe von

Gleichgeschlechtlichen, Evolutionstheorie oder biblische Schöpfungsgeschichte keine liberalen Entscheidungen geben wird. – Durch die Kündigung des Atomwaffenvertrags mit Russland und durch seine Politik im Nahen Osten, speziell gegenüber dem Iran, hat er dazu beigetragen, die Gefahr kriegerischer Konflikte zu vergrößern. Im Wahlkampf könnte er aber damit argumentieren, dass er, im Unterschied zu anderen Präsidenten, bisher keinen Krieg begonnen hat.

Seine oft verwirrenden, verstörenden und abstoßenden Eigenschaften – der extreme Narzissmus, die sprunghaften Entscheidungen, das oft rüpelhafte, manchmal schon krankhaft wirkende Auftreten, das ständige Auswechseln von Beratern und Mitarbeitern – all das stört seine Anhänger wenig oder gar nicht. Für sie ist er der *tough guy*, der es denen oben, dem verhassten Establishment, so richtig zeigt.

*

Nach drei Jahren Trump, im Spätsommer und Herbst 2019, gibt es Anzeichen dafür, dass selbst bei Topmanagern und Spitzenaktionären der Ernst der Lage, vor allem der sozialen Ungerechtigkeit in einem von Globalisierung und Digitalisierung geprägten Kapitalismus, erahnt wird und ein gewisses Nach- und Umdenken beginnt. So haben die Mitglieder des *Business Roundtable*, der einflussreichsten Lobbygruppe der amerikanischen Großkonzerne, im August eine Erklärung *(Statement)* veröffentlicht, in der sie sich dazu verpflichten, nicht mehr nur an das Wohl der *Shareholder* zu denken. So heißt es: „Americans deserve an economy that allows each person to succeed through hard work and creativity and to lead a life of meaning and dignity“. (Amerikaner verdienen eine Wirtschaft, die jeder Person Erfolg durch harte Arbeit und Kreativität gewährt und ihr ermöglicht, ein sinnvolles und würdiges Leben zu führen.)[8] Die Unterzeichner der Erklärung wollen nicht mehr nur Profitmaximierung als ihr Ziel sehen, sondern ihrer Verpflichtung gegenüber der Gesellschaft gerechter werden. In diesem Sinn warnt selbst ein Ray Dalio, der Gründer des weltgrößten Hedgefonds *Bridgewater*, vor wachsender sozialer Ungerechtigkeit, die gefährliche Konsequenzen haben könne. Sein Fazit: Die Welt ist verrückt geworden. Der Kapitalismus als System funktioniert für die meisten Menschen nicht mehr.[9] Das *Statement* wurde von den Chefs von fast 200 amerikanischen Großunternehmen, unter ihnen *Apple* und *Amazon*, unterzeichnet.

Manche der Kommentatoren sehen darin eine sensationelle Neuorientierung der Wirtschaft. Die Unterzeichner hätten erkannt, dass *business as usual* nicht mehr möglich ist. Andere halten die Erklärung mehr für ein Ablenkungsmanöver und den Versuch einer Beschwichtigung. ZEIT ONLINE titelt einen Beitrag dazu mit: *„Vorsicht vor dem Kuschelkapitalismus“*.[10]

*

In der Öffentlichkeit der USA gibt es nicht nur bei den Anhängern der Demokratischen Partei seit der Amtsübernahme von Trump wachsende Proteste. Manche sprechen, wohl doch etwas übertrieben, schon vom „Aufstand des anderen Amerika“. Die parlamentarische Opposition im Kongress, die Abgeordneten und Senatoren der Demokratischen Partei, war aber lange Zeit leider zu sehr auf sich selbst fokussiert und ist über den künftigen Weg nach wie vor zerstritten. Ein linker (Sanders, Warren) und ein radikal-linker Flügel der Partei – vor allem jüngere und dabei jüngere weibliche Abgeordnete mit Alexandria Ocasio-Cortez als Leitfigur – fordern einen wirklichen Neuanfang, eine radikale Neuorientierung der Partei. Ein rechter Flügel möchte mit einigen mehr kosmetischen Veränderungen im Prinzip so weitermachen wie bisher. In der Mitte stehen Moderate mit Joe Biden.

Am 30. und 31. Juli 2019 finden Debatten im Fernsehen statt. 20 Kandidatinnen und Kandidaten der Demokraten streiten sich öffentlich. Bei der Fortsetzung am 12. und 13. September sind es 10. Für den Vorwahlkampf stehen aber nach wie vor knapp 20 bereit. In aktuellen Umfragen liegen die beiden Ältesten an der Spitze: Joe Biden und Bernie Sanders. Biden, erfahren in vielen Ämtern, zuletzt als Vizepräsident unter Obama, ist der Favorit des Establishments. Er will zurück zur Normalität. Dabei bleibt offen, dass gerade die „Normalität" des Jahres 2016 den Wahlsieg Trumps ermöglichte. Die Forderung nach Normalität bedeutet außerdem mehr Kontinuität und weniger Erneuerung. Und: bei einem Amtsantritt wäre er 78 Jahre alt, was nicht für ihn spricht. Das gilt allerdings genauso für den noch ein Jahr älteren Bernie Sanders. Dieser bezeichnet sich selbst als demokratischen Sozialisten. Er attackiert seit langem die *Wall Street*, fordert die Verstaatlichung der übermächtigen Banken und möchte den Einfluss der Wirtschaftsimperien auf die Politik verringern. In aktuellen Umfragen nach der Debatte vom 12. und 13. September liegen drei Kandidaten an der Spitze, neben Biden und Sanders die Senatorin Elizabeth Warren (Massachusetts). Sie ist dem linken Flügel der Partei zuzurechnen und vertritt ähnliche Positionen wie Sanders. Die

Senatorin Kamala Harris, eine Moderate wie Biden, hat an Zustimmung verloren.

Das Hauptproblem der Demokratischen Partei besteht darin, dass sie noch kein überzeugendes Alternativprogramm zu Trump hat. Bisher wurden vor allem Vielfalt, oder anders formuliert: Zerstrittenheit demonstriert. *Auf diesem Hintergrund entscheiden die Demokraten mit ihrer Mehrheit im Repräsentantenhaus am 24. September 2019, Ermittlungen für ein Impeachment-Verfahren gegen Trump einzuleiten. Der Spiegel* begrüßt diesen Beschluss begeistert: „Danke, Nancy!" Ob die Demokraten damit aber wirklich klug handeln oder sich letztlich selbst schaden, ist allerdings ungewiss: Mit Sicherheit wird es im Abgeordnetenhaushaus dafür eine Mehrheit geben. Im Senat aber, der am Ende entscheidet, dürfte die erforderliche Zweidrittelmehrheit kaum zustande kommen. Das heißt: Es spricht viel dafür, dass dieses Projekt scheitern wird und dadurch letztlich Trump sogar nutzen könnte. Ferner ist nicht auszuschließen, dass der ukrainische Präsident Selenskyj Material liefert, das Joe Biden und seinen Sohn weiter belastet. Damit könnte er als Präsidentschaftskandidat ernsthaft beschädigt und möglicherweise sogar ganz aus dem Rennen sein. Außerdem: Im Wahlkampf wird es jetzt kaum noch um Sachfragen gehen. Zu erwarten ist eine Schlammschlacht schlimmsten Ausmaßes. Ob sich das für die Demokratische Partei auszahlt, ist nicht sicher. Unter Umständen werden beide Parteien Schaden nehmen.

Sollte das Impeachment-Verfahren erfolgreich verlaufen und Trump abgesetzt werden, würden sich seine Anhänger sicherlich nicht einfach damit abfinden. Für sie wäre er dann eine Art von

Märtyrer, ein Opfer des ihrer Meinung nach gewissenlosen, abgehobenen und korrupten Washingtoner Establishments. Die Grundlage für einen *„Trumpismus ohne Trump“* wäre geschaffen. Polarisierung, Spaltung und Verrohung der Gesellschaft könnten unerträglich werden. Manche Kommentatoren halten sogar einen Bürgerkrieg für möglich. Und: Bei einer Amtsenthebung Trumps wäre Mike Pence automatisch Präsident, mit seinem christlichen Fundamentalismus wohl auch nicht gerade eine ideale Besetzung. Wie das Impeachment-Verfahren auch ausgeht: Am Ende könnte es nur Verlierer und keinen Sieger geben.

Erfolgversprechender und langfristig wirksamer dürfte ein Sieg der Demokraten bei der Wahl am 3. November 2020 sein. Dazu bedarf es einer überzeugenden, mehrheitsfähigen Alternative zur Politik Trumps: Reformen, die dazu beitragen, die Kluft zwischen Oben und Unten nicht größer werden zu lassen, sondern sie allmählich zu verringern; Vorschläge, um die Polarisierung und Spaltung der Gesellschaft schrittweise abzubauen; Schritte, um zu mehr sozialer Gerechtigkeit zu kommen; die Erneuerung des *Welfare State* unter den Bedingungen von Globalisierung und Digitalisierung; die Überwindung autokratischer Tendenzen in der Politik; die Entwicklung einer neuen politischen Kultur; die Rückkehr vom Unilateralismus zum Multilateralismus. Die Demokratische Partei müsste dabei deutlich machen, dass das politische System mit seiner strukturellen Krise der Demokratie, das den Wahlsieg Trumps und seinen autoritären Führungsstil erst ermöglicht hat, mehr oder weniger tiefgreifend zu reformieren ist. Von einem solchen Konzept ist die Demokratische Partei im Herbst 2019 aber noch meilenweit entfernt.

Der im Sommer 2020 zu wählende Präsidentschaftskandidat oder die Präsidentschaftskandidatin der Demokraten muss offenkundig einen Spagat vollbringen. Das Wahlangebot sollte sich überzeugend zu progressiven Veränderungen bekennen. Es darf aber die Wähler aus der Mitte der Gesellschaft, den religiösen Kreisen und den ländlichen Gebieten nicht verschrecken, sondern muss auch für sie akzeptabel sein. Nicht annehmbar sind einige von Linken gestellte Forderungen wie Abschaffung der privaten Krankenversicherungen, Straffreiheit auch für illegales Überschreiten der Grenze zu den USA und eine Art von finanzieller Wiedergutmachung (Reparationen) für die Nachkommen von Sklavinnen und Sklaven. Um die Wahl im November 2020 gewinnen zu können, braucht die Demokratische Partei ferner einen überzeugenden, eloquenten, sauberen, möglichst charismatischen Kandidaten. Die oder der ist im Herbst 2019 noch nicht zu erkennen: Biden ist durch die Ukraine-Affäre angeschlagen, und es kann für ihn noch schlimmer kommen; Warren ist für Wähler der Mitte wahrscheinlich zu weit links, besonders mit ihrer Forderung, die privaten Krankenversicherungen abzuschaffen; Sanders ist gesundheitlich angeschlagen und könnte möglicherweise den Belastungen des Vorwahl- und Wahlkampfes und schon gar nicht denen des Präsidentenamtes gewachsen sein. Der Multimilliardär Michael Bloomberg, der seine Kandidatur später als andere angemeldet hat, dürfte sich auch nicht gerade als Lichtgestalt erweisen.

Um die Wahl zu gewinnen, müssen die Demokraten mindestens einige der 2016 an die Republikaner gefallenen Bundesstaaten zurückgewinnen, vor allem Wisconsin, Michigan, Ohio und Pennsylvania, d.h. die Staaten des ehemaligen industriellen

Gürtels, des jetzigen Rostgürtels, möglichst auch Maine, Arizona, Florida und Georgia. Dazu muss die Partei wieder jene traditionell demokratischen Wähler auf ihre Seite ziehen, die sich durch Modernisierung, Digitalisierung und Globalisierung, durch den sozialen Aufstieg vieler Schwarzer, Asiaten und Lateinamerikaner, aber auch durch die Frauenquote ins Abseits gedrängt fühlen. Die Demokratische Partei hat den benachteiligten Gruppen der Gesellschaft zu lange nicht die erforderliche Aufmerksamkeit geschenkt und muss sich ihnen wieder zuwenden.

Quellen

1 Caygle, Heather, Adam Schiff says whistleblower may not testify in impeachment probe, in: Politico, 17.10.2019, zitiert nach: Wikipedia, Amtsenthebungsverfahren gegen Donald Trump, Anmerkung 23.

2 Moosbergen, Dominique, Nancy Pelosi Releases „Fact Sheet" Detailing How Trump „Betrayed Oath of Office", zitiert nach: Wikipedia, ebenda, Anmerkung 42.

3 *Tagesschau*, Wie funktioniert das Impeachment in den USA?, 06.12.2019, zitiert nach: Wikipedia, ebenda, Anmerkung 129.

4 Beavers, Olivia und Lillis, Mike, Democrats unveil articles of Impeachment against Trump, zitiert nach: Wikipedia, ebenda, Anmerkung 130.

5 www.tagesschau.de/ausland/trump-wiederwahl-analyse-101.html.
Hesse, Sebastian, Ein Jahr bis zur US-Wahl. Warum Trumps Wiederwahl wahrscheinlich ist, 01.11.2019, ausgedruckt.

6 Weiner, Timm/Crossette, Barbara, George F. Kennan Dies. Leading Strategist of Cold War, In: *The New York Times*, 18.03.2005, zit. nach: Wikipedia NATO-Osterweiterung.

7 Leggewie, Claus, Jetzt! Opposition, Protest, Widerstand, Köln 2019, S. 117, darauf basierend der Aufsatz von ihm: Zweite Chance. Wie die Demokraten Trump diesmal schlagen können, in: Blätter für deutsche und internationale Politik 9/2019, S. 82.

8 opportunity.businessroundtable.org>ourcommit: Statement on the Purpose of a corporation.

9 www.manager-minus.de>Politik>Weltwirtschaft, manager magazin 06.11.2019: Hedgefonds-Milliardär Dalio als Kapitalismus-Kritiker.

10 Buchter, Heike, Vorsicht vor dem Kuschelkapitalismus. Mit viel Wumms haben sich US-Konzerne verpflichtet, sich nun nicht mehr nur dem Wohl der Aktionäre, sondern auch der Gesellschaft verpflichtet zu fühlen. Ernsthaft?

2. Hauen und Stechen im Repräsentantenhaus

Die Impeachment-Debatte am 18. Dezember 2019 und die Wochen danach

Am 24. September 2019 hatte Nancy Pelosi im Repräsentantenhaus Ermittlungen für ein Amtsenthebungsverfahren gegen den amtierenden Präsidenten der USA Donald J. Trump eingeleitet. Am 18. Dezember 2019, drei Monate später, eröffnet sie in einer historischen Sitzung des Hauses offiziell das Impeachment-Verfahren. Dabei fährt sie schwere Geschütze auf: Es gehe um das höchste Gut der Amerikanerinnen und Amerikaner, die Verfassung: „Er hat uns keine Wahl gelassen. Was wir heute diskutieren ist, dass der Präsident gegen die Verfassung verstoßen hat." Der Vorsitzende des Justizausschusses des Repräsentantenhauses, der Demokrat Jerry Nadler, legt noch einmal nach: „Wir wissen, dass Präsident Trump die Sicherheit, die Demokratie und das Verfassungssystem der Nation weiter bedroht, wenn ihm erlaubt wird, im Amt zu bleiben." In die gleiche Kerbe schlägt der Vorsitzende des Geheimdienstausschusses Adam Schiff, ebenfalls ein Demokrat.[1]

Angeklagt wird Trump in 2 Punkten. Erstens: *Abuse of Power*, Amtsmissbrauch in der Ukraine-Frage, und zweitens: *Obstruction of Congress*, Behinderungen des Kongresses bei den Ermittlungen. Punkt 1 wird damit begründet, dass er den ukrainischen Präsidenten Wolodymyr Selenskyj in einem Telefongespräch gedrängt habe, Ermittlungen gegen Joe Biden, seinen zu der Zeit gefährlichsten Rivalen im Präsidentschaftswahlkampf, sowie dessen Sohn zu führen. Als Druckmittel habe Trump 400 Millionen Dollar für eine Militärhilfe an die Ukraine zurückgehalten. Punkt 2 der Anklage wirft ihm vor, dass er Regierungsmitgliedern und Mitarbeitern verboten habe, vor den Untersuchungsausschüssen des Kongresses auszusagen. Außerdem habe er relevante Beweise zu Verschlusssachen erklärt und damit den Zugang zu wichtigen Unterlagen verweigert.

Im Repräsentantenhaus kommt es in den späten Nachmittagsstunden und am Abend zu einer Debatte, wie es nur ganz wenige in der Geschichte des amerikanischen Parlamentarismus gegeben hat. Alle Regeln von Anstand und Toleranz sind außer Kraft gesetzt. Eigentlich fehlt nur noch, dass es zu tätlichen Auseinandersetzungen kommt. Marc Pitzke schreibt im *Spiegel* darüber: „Im Minutentakt werfen sich Demokraten und Republikaner gegenseitig Verrat vor, mit bebender Stimme, bombastischer Rhetorik und bitteren Zwischenrufen. ... Demokraten und Republikaner scheinen in verschiedenen Welten zu leben."[2] Die *Berliner Zeitung* titelte: „Ein tiefer Graben durchs Parlament. Der Schlagabtausch im Repräsentantenhaus schwankt zwischen zähem Ringen und absurdem Spektakel."[3]

Zunächst versuchen die Republikaner, die Verhandlungen mit einer zermürbenden Debatte über Fragen der Geschäftsordnung zu verzögern und zu stören. Erst danach beginnt die eigentliche Redeschlacht. Da gibt es groteske Vergleiche, zu denen auch die Bibel herhalten muss: So empört sich der republikanische Abgeordnete Barry Loudemilk, dass Trump weniger fair behandelt werde als Jesus vor der Kreuzigung. Dieser habe seinen Anklägern wenigstens noch gegenübertreten können, was dem Präsidenten verwehrt sei. Da wird auch die Geschichte der USA mit gewagten Konstrukten beschworen: Der Republikaner Mike Kelly vergleicht das Impeachment mit dem japanischen Angriff auf Pearl Harbor: Der 18. Dezember 2019 sei wieder ein „Tag der Schande", wie Franklin D. Roosevelt den 7. Dezember 1941 genannt hatte. Der republikanische Abgeordnete Doug Collins (Georgia) sieht in dem Verfahren eine Show und meint: „Die Demokraten kommen nicht über die Tatsache hinweg, dass Donald Trump Präsident der Vereinigten Staaten ist und dass sie keinen Kandidaten haben, der ihn besiegen kann." Ein republikanischer Redner dankt den Demokraten überschwänglich für das Impeachment, weil es vor allem Trump nutzen werde. Ein anderer fordert die Einleitung eines solchen Verfahrens gegen Nancy Pelosi, was es laut Verfassung gar nicht geben kann. Die Redner der Demokratischen Partei variieren im Wesentlichen die Aussagen von Pelosi, Nadler und Schiff vom Beginn der Debatte. In der Gewagtheit und dem Abstrusen ihrer Argumente stehen sie den republikanischen Gegenspielern kaum nach. In einem Beitrag heißt es mit dem Blick auf das Impeachment einfach kurz und bündig: „Halleluja, Gott sei Dank!"[4]

Auf die hitzige Debatte folgt die Abstimmung. Punkt 1 der Anklage, Amtsmissbrauch, wird mit 230:197 Stimmen angenommen, Punkt 2, Behinderung der Ermittlungen des Kongresses, mit 229 : 198. Die Hoffnung der Demokraten, wenigstens einige Republikaner für das Impeachment gewinnen zu können, geht nicht in Erfüllung. Anders bei den Demokraten, bei ihnen gibt es vier Abweichler. Die bekannteste ist Tulsi Gabbard, Abgeordnete von Hawaii, und, was die Sache noch peinlicher macht, eine der Präsidentschaftskandidatinnen ihrer Partei. Sie enthält sich der Stimme. Jeff Van Drew, der seinen Wechsel zu den Republikanern schon vorher angekündigt hatte, ihn einen Tag nach der Abstimmung vollzieht und dafür von Trump persönlich empfangen wird, stimmt gegen beide Anklagepunkte. Ebenso verhält sich Collin Petersen (Minnesota) aus einem Wahlkreis, der bei der Wahl 2016 für Trump gestimmt hatte. Dieser habe keine Verbrechen begangen, gibt er als Grund für sein Verhalten an. Ferner erklärt er, von seinen Wählerinnen und Wählern interessiere sich niemand für das Impeachment-Verfahren. Jared Goldman (Maine) stimmt nur dem ersten Anklagepunkt, Amtsmissbrauch, zu: Als Trump den ukrainischen Präsidenten drängte, ihn bei seinem Wahlkampf zu unterstützen, habe er eine rote Linie überschritten. Eine Behinderung der Ermittlungen des Kongresses könne er aber nicht sehen. Deshalb stimme er Punkt 2 der Anklage nicht zu.[5]

Trump reagiert, wie üblich, mit Beleidigungen und Beschimpfungen seiner Gegner. Auf einer Großveranstaltung im Bundesstaat Michigan, einen Tag nach der Impeachment-Debatte im Repräsentantenhaus, erklärt er, sich nichts vorwerfen zu müssen. Alle Behauptungen seien aus der Luft gegriffen. In dem Impeachment-Verfahren sehe er nur eine Hasskampagne der Demokraten, auch, weil er sie bei der Wahl 2016 in diesem Bundesstaat geschlagen habe. Seine Gegner seien bestrebt, Millionen von Wählerstimmen ungültig zu machen. Trump spart nicht mit Zuspitzungen und Kraftausdrücken: Die Demokraten führten eine Hexenjagd gegen ihn wie seinerzeit in Salem. Sie seien Betrüger und Lügner, nichts als ein Haufen von Idioten. Ihre Vorsitzende Nancy Pelosi sei völlig verrückt. In anderen Erklärungen Trumps und des Weißen Hauses heißt es, das Impeachment-Verfahren könne nur als eine verfassungswidrige Farce gesehen werden, als Höhepunkt einer beschämenden Episode in der Geschichte der Nation, als ein Anschlag auf Amerika. Das Verhalten der Demokraten sei in Wirklichkeit ein Missbrauch der Macht, eine Perversion der Justiz, ein versuchter Staatsstreich, eine große Show. Eigentlich müsse das Verfahren gegen die Demokraten geführt werden.[6]

Die Reaktionen der Medien auf die Abstimmung im Repräsentantenhaus sind sehr differenziert und verhalten. Für die Demokraten ist das eine große Enttäuschung. Sie hatten mehr Zustimmung und Unterstützung erwartet. Die *New York Times* gibt einen Überblick unter der Rubrik „Presseschau". In einem ihrer Artikel heißt es: „Am Ende ist es unwahrscheinlich, dass die Eröffnung des Amtsenthebungsverfahren im Repräsentantenhaus das Land gegen Mister Trumps Machtmissbrauch schützt." Er muss aus dem Amt *gewählt* werden. Die *Washington Post* meint, der Präsident habe die Anklage verdient, unabhängig vom Ausgang des Verfahrens. Die Londoner *Times* schreibt: „Die Demokraten hoffen, die Nation gegen Donald Trump aufbringen zu können." Aber auch immer neue Enthüllungen „hatten kaum Einfluss auf die Meinungsumfragen". In der russischen Zeitung *Nesawissimaja Gaseta* ist zu lesen: „Die Geschichte der USA ist auf der Seite Trumps." Es gab noch keinen Fall der Amtsenthebung. „Der Kongress in Washington schreibt ein scheußliches Kapitel über einen tragischen Tag für Amerika. Zwei Amerikas stehen sich gegenüber", so die italienische *La Republica*. Ähnlich die polnische *Gazeta Wyborcza*: „Es ist ein trauriger Moment für Amerika."[7] *Der Spiegel*, der die Einleitung des Verfahrens kurz vorher mit „Danke, Nancy!" noch begeistert begrüßt hatte, ist jetzt ganz anderer Meinung: „Geschichte wird von Siegern geschrieben, und eines lässt sich jetzt schon sagen: Donald Trump wird den Triumph aus der Schlacht um sein eigenes Amtsenthebungsverfahren davontragen. ... die Hoffnung der Demokraten, sie könnten die Ära Trump vorzeitig beenden, wird sich nicht erfüllen. ... Zwar spricht sich eine Mehrheit der Amerikaner für das Impeachment aus, aber Trumps Beliebtheitswerte haben sich sogar leicht zugunsten des Präsidenten entwickelt." Selbst viele moderate Wähler seien der Meinung, dass die Ukraine-Affäre nicht Grund genug ist, um das Votum der Wähler von 2016 zu ignorieren.[8] Fabian Reinbold berichtet am 18. Dezember aus Washington: „Für Trump zahlt sich das Impeachment jetzt schon aus."[9] In der *Süddeutschen Zeitung* heißt es in einem Kommentar von Alan Cassady, ebenfalls aus Washington: „Ein Impeachment mit lauter Verlierern. Für den US-Präsidenten ist die Anklage eine Schmach – und er verdient diese Strafe. Doch auch die Demokraten haben keinen Grund zu jubeln. Sie schaffen es nicht einmal, die vielen Trump-Kritiker im Land zu überzeugen."[10]

Das Interesse am Impeachment ist in der Bevölkerung viel geringer, als von den Demokraten erwartet. Am Tag der Abstimmung sind die Besucherränge im Repräsentantenhaus nur mäßig, etwa zu einem Drittel, besetzt. In den Tagen danach gehen bei der *New York Times*, der *Washington Post* und anderen amerikanischen Medien Tausende von Meinungsäußerungen ein, die zu einem beträchtlichen Teil vor allem die Sorge zum Ausdruck bringen, die Spaltung der Gesellschaft werde sich weiter vertiefen. Die *New York Times* veröffentlicht einen Teil der Zuschriften unter dem Titel: „Eine sehr traurige Zeit für dieses Land: Leser reagieren auf das Trump-Impeachment." In einer der vielen Zuschriften heißt es: „Ich war total für das Impeachment und ich bin froh, dass es stattgefunden hat, ich wundere mich aber, dass ich auch irgendwie traurig bin. Ich denke, dieses Gefühl kommt von meiner Sorge, dass unser Land überhaupt bis zu diesem Punkt gekommen ist." Sara Toye aus Frederichsburg, Virginia, schreibt der *New York Times*: „Ich fürchte, dass Ärger, Feindschaft, Mangel an Würde und Kompromisslosigkeit der Menschen auf beiden Seiten – und besonders bei Donald Trump – nur noch schlimmer werden." Daniel Branower aus dem Bergen County, New Jersey, urteilt: „Die Annahme, dass das Impeachment das Land auseinanderreißt oder dass wir so geteilt sind, wird banal und bedeutungslos und erweckt den Eindruck, dass beide Seiten irgendwie verantwortlich sind. In Wirklichkeit sind wir geteilt zwischen Wahrheit und Farce." „Das ist eine sehr schlimme Zeit für dieses Land und ich befürchte, es wird noch schlimmer, ehe es besser wird", meint Vincent Giglio aus Little Egg Harbor, New Jersey. Irgendwie typisch für das geringe Interesse vieler am Impeachment-Verfahren ist die Antwort einer Dame auf die Frage, warum sie an einer Demonstration gegen Trump teilnehme: Ich möchte mal hören, worum es eigentlich geht und außerdem muss ich ohnehin meinen Hund ausführen.[11]

Zuschriften, in denen das Verfahren unterstützt wird, lauten u.a.: „Das Impeachment ist eine Notwendigkeit. Seine (Trumps) Entfernung (aus dem Amt) ist das Allerletzte, was der Senat tun könnte, um sicherzustellen, dass Buchstabe und Geist der Verfassung noch etwas bedeuten" und: „Sie werden Trump im Senat freisprechen. Aber das heißt nicht, dass das Impeachment des (Repräsentanten-)Hauses ein Fehler war. Es bedeutet nur, dass wir, das Volk, 2020 die Regierung zurückgewinnen müssen." Die gegenteilige Meinung kommt im folgenden Beitrag zum Ausdruck: „Die Demokraten haben ihre Mehrheit im Haus missbraucht und für die lächerlichen Artikel des Impeachments gestimmt."[12]

Am 19. Dezember 2019, einen Tag nach der Abstimmung im Repräsentantenhaus, findet ein weiteres TV-Duell der Präsidentschaftsbewerber der Demokratischen Partei statt, das sechste inzwischen. Jetzt sind es nur noch sieben Kandidaten, die teilnehmen: die drei Favoriten Joe Biden, Elizabeth Warren und Bernie Sanders, ferner Pete Buttigieg, der junge, als moderat geltende Bürgermeister aus der Kleinstadt South Bend, Indiana, der sich langsam nach vorn arbeitet, Andrew Yang, die Senatorin Amy Klobuchar und der Milliardär Tom Steyer. Bloomberg, der seine Bewerbung erst sehr spät angemeldet hat, nimmt nicht teil. Übereinstimmung herrscht über die Hauptstoßrichtung des weiteren Wahlkampfs: Volles Rohr gegen Trump, den Elizabeth Warren den korruptesten Präsidenten in der gesamten Geschichte der USA nennt. Biden stimmt ihr zu, Trump habe das Präsidentenamt tiefer sinken lassen, als er es je für möglich gehalten hätte. Das Impeachment sei eine „verfassungsmäßige Notwendigkeit." Da gibt es aber auch eine Bemerkung, die aufhorchen lässt: Die Zusammenarbeit mit den Republikanern müsse künftig wieder möglich sein, „sonst ist unser Land tot." Neu in der Debatte ist, dass Buttigieg von seinen Mitbewerbern äußerst scharf angegriffen wird. Das *Handelsblatt* titelt einen Artikel am 20. Dezember: „Hauen und Stechen der US-Präsidentschaftskandidaten: Alle gegen Buttigieg. Der erst 37-jährige Jungstar gilt als aussichtsreicher demokratischer Bewerber. Während einer Fernsehdebatte der Kandidaten muss er Kritik einstecken – von allen Seiten."[13] Warren wirft ihm vor, bei Veranstaltungen hinter verschlossenen Türen Spenden von Milliardären eingesammelt zu haben. Dabei sei Wein für mehrere hundert Dollar die Flasche serviert worden. Die Aufregung bei seinen Mitbewerbern resultiert wohl vor allem daraus, dass er im Bundesstaat Iowa, in dem die erste Vorwahl stattfindet, bei Umfragen die Führung übernommen hat. Klobuchar stellt die gesamte bisherige politische Bilanz von Buttigieg infrage. In der Tagesschau der *ARD* heißt es: „Alle gegen Trump – und einen Demokraten."[14]

Bei einer Fernsehdebatte der demokratischen Präsidentschaftsbewerber in Des Moines, Iowa, der siebenten und letzten vor der ersten Vorwahl, verschieben sich die Fronten erneut. Es kommt zum Schlagabtausch zwischen den beiden Linken Bernie Sanders und Elizabeth Warren. Das *Handelsblatt* berichtet darüber am 15. Januar 2020 in einem Artikel mit der Überschrift: „Demokratische Präsidentschaftsanwärter debattieren das letzte Mal vor Vorwahlen."[15] Warren wirft Sanders vor, bei einem privaten Treffen Ende 2018 erklärt zu haben, eine Frau könne die Wahl gegen Trump nicht gewinnen. Sanders dementiert, ohne die Angreiferin zu überzeugen. Bei der Übertragung der Debatte durch den Fernsehsender *CNN* ist dann zu sehen, wie Warren die ausgestreckte Hand von Sanders ignoriert: keine Versöhnung!

Bemerkenswert ist, dass Donner und Blitze des Impeachment ebenso wie der zunehmende Streit unter den demokratischen Präsidentschaftskandidaten von der Börse und damit der Wirtschaft so gut wie nicht zur Kenntnis genommen werden. n-tv berichtet am 19. Dezember: Die Anleger in den USA sind unbeeindruckt von der Abstimmung über das Impeachment im Repräsentantenhaus. Die Indizes weisen den 18. Dezember als durchweg positiven Handelstag aus. Die Börsianer sind in keiner Weise schockiert.

Ende 2019/Anfang 2020 kann sich Trump entspannt zurücklehnen. Fast alles läuft gut für ihn. Das Repräsentantenhaus hat dem Amtsenthebungsverfahren zwar mehrheitlich zugestimmt, aber es gibt kaum Zweifel: Der Senat wird dem Ganzen ein schnelles, schmerzloses Ende bereiten. Die Enttäuschten werden dann vor allem die Demokraten sein, nicht Trump und seine Partei. Er weiß, nicht nur die Republikaner im Kongress, auch seine Anhänger im Land stehen nach wie vor geschlossen hinter ihm. Das Impeachment-Verfahren hat die Öffentlichkeit viel weniger interessiert als von den Demokraten erhofft, und schon gar nicht hat es zu einem Meinungsumschwung in der Bevölkerung geführt. Die Wirtschaft läuft nach wie vor rund. Die Arbeitslosenzahlen sind niedrig, wie lange nicht. Es gibt keinen Sozialabbau von Bedeutung. Einem beträchtlichen Teil der Bevölkerung geht es wirtschaftlich gut, einem Teil sogar besser als vor seinem Amtsantritt oder wenigstens nicht schlechter. Die meisten finden ihn und sein Auftreten alles andere als sympathisch. Das ist aber nicht unbedingt ein Grund, ihn nicht zu wählen. Seine unberechenbare

Außenpolitik, der von ihm provozierte Handelskrieg mit China und der Europäischen Union wird im Wahlkampf wie üblich keine größere Rolle spielen. Die Zusagen aus Peking und Brüssel, mehr amerikanische Güter zu importieren, sprechen für ihn. Das chinesische Versprechen, vor allem mehr Agrarprodukte aus den USA einzuführen, wird seinen Wählern in den ländlichen Gebieten zugutekommen und seine Position dort stärken. Und Trump weiß, selbst wenn er am 3. November 2020 weniger Wählerstimmen als die Demokraten bekommen sollte, kann er trotzdem der Sieger sein. Das amerikanische Wahlsystem mit seinem *the winner takes all*, das dem Sieger in einem Bundesstaat alle Stimmen für das *Electoral College* zuspricht, könnte das möglich machen. Nach Expertenberechnungen könnte der Rückstand unter Umständen mehrere Millionen Wählerinnen und Wähler betragen. In den ländlichen Regionen bedarf es nämlich weniger Stimmen für eine Vertreterin oder einen Vertreter im *Electoral College* als in den Bundesstaaten mit den großen Städten. Mit dieser Regelung soll verhindert werden, dass die Städte das Land dominieren.

Außerdem weiß Trump, dass sich die Demokratische Partei in einem ziemlich desolaten Zustand befindet. Sie ist uneins und zerstritten zwischen den Linken wie Sanders und Warren sowie einigen noch weiter links stehenden Abgeordneten, den Moderaten und den Rechten. Nancy Pelosi hat alle Mühe, den Laden zusammenzuhalten. Lange Zeit lehnt sie ein Impeachment ab, muss sich dann aber unter dem Druck von links revidieren. Ferner ist noch unklar, mit welcher Orientierung, mit welcher Plattform die Partei in die Auseinandersetzung mit Trump gehen soll. Die

Vorwahlen könnten zu einem Kampf im Haifischbecken werden. Die *Süddeutsche Zeitung* schreibt dazu: Die Demokraten haben "weder eine klare Führung noch einen klaren Weg noch genug Geld, um Trumps Schlagkraft zu übertrumpfen." Sie wirken „wie eine konfuse Selbstfindungsgruppe".[16] Trump dagegen muss in keine kräfte- und geldzehrenden Vorwahlen und muss sich mit keinem ernsthaften Rivalen in der eigenen Partei auseinandersetzen. Er kann, wie ein chinesisches Sprichwort sagt, in Ruhe vom Berg aus dem Kampf der Tiger zusehen.

*

Aber dann macht Trump einen katastrophalen Fehler, einen, der sehr viel schlimmer ist als die vielen anderen davor. Plötzlich scheint alles wieder offen. Seine Chancen, die Wahl zu gewinnen, sind nicht mehr sicher. Selbst die Abstimmung über das Impeachment im Senat könnte anders ausfallen als bisher angenommen. Ein Stimmungsumschwung in der Bevölkerung ist nicht auszuschließen. Als Folge seiner zweifellos dümmsten Entscheidung, getroffen selbst ohne Beratung mit den engsten Vertrauten, droht ein Krieg mit dem Iran mit unabsehbaren Konsequenzen. Sollte es zu einer militärischen Auseinandersetzung kommen, würden wahrscheinlich bald in größerer Zahl Särge mit getöteten amerikanischen Soldaten und Soldatinnen in den USA eintreffen. Schlimmeres für seinen Wahlkampf könnte es nicht geben. Was ist geschehen?

Das neue Jahr hat gerade begonnen, als am frühen Morgen des 3. Januar 2020, eines Freitags, drei von US-Drohnen abgeschossene ferngesteuerte Raketen in der Nähe des Flughafens der irakischen Hauptstadt Bagdad einschlagen. Mit großer Präzision treffen sie auf den Punkt genau eine Wagenkolonne, die auf dem Weg in die City ist. In einem der Wagen befindet sich der bedeutendste General des Nachbarstaates Iran, in der Hierarchie nach dem Präsidenten und dem Religiösen Führer wohl die Nummer 3, Quasem Soleimani. Er ist sofort tot, ebenso einige seiner Begleiter. Einen führenden Vertreter eines souveränen Staates in einem anderen souveränen Staat umzubringen, ist Mord, ein Bruch des Völkerrechts, eine Absage an alle Regeln der Diplomatie, eine Negierung elementarer politischer Kultur. Der Luftschlag wurde angeordnet vom Präsidenten der Vereinigten Staaten von Amerika Donald J. Trump. Er befindet sich zu dem Zeitpunkt noch im Weihnachtsurlaub auf seinem Anwesen in Florida und hatte am vorhergehenden Nachmittag seine Runden Golf gespielt. Als er den Befehl zu dieser Aktion erteilte, hielt er sich vermutlich in seiner Luxus-Villa Mar-al-Lago auf. Die Vorbereitungen für die Aktion sollen eine Woche vorher begonnen haben. Es war eine einsame Entscheidung, bei der kaum einer seiner Minister und Mitarbeiter konsultiert wurde. Nicht informiert worden waren auch die Regierungen der NATO-Verbündeten. Widersprüchlich sind die Erklärungen, die er und seine Sprecher erst eine ganze Weile nach der Aktion abgeben: Soleimani habe Anschläge auf die USA vorbereitet, eine oder mehrere amerikanische Botschaften seien das Ziel von Anschlägen gewesen, es habe sich um eine Vergeltungsaktion gehandelt. Einmal behauptet Trump, das genau gewusst zu haben, eine andermal, er habe es vermutet.

Außenminister Pompeo tritt am Tag nach dem Luftschlag in den Morgensendungen von mehreren Fernsehsendern auf. Er rechtfertigt das Vorgehen seines Präsidenten. Dieser habe so handeln müssen. Nichtstun werde im Nahen und Mittleren Osten als Schwäche gedeutet. Zugleich erklärt er, die USA wollen keinen Krieg. Trumps Haussender *Fox News* begrüßt den Luftschlag als längst überfällige Vergeltungsaktion für die destruktive Politik des Iran. Trump habe nur das getan, was andere sich nicht getraut hätten. Er habe der Schlange den Kopf abgeschlagen. Der einige Zeit vorher wegen Meinungsverschiedenheiten mit dem Präsidenten entlassene Hardliner John Bolton twittert: Glückwunsch! Er hoffe, das sei der erste Schritt zum Regimewechsel im Iran. Israels Ministerpräsident Benjamin Netanjahu ist begeistert: Trump gebühre dafür Anerkennung, da er schnell, energisch und bestimmt reagiert habe.

Schon nach kurzer Zeit kommt aber auch die Kritik, teils vorsichtig, teils massiv. Etwa drei Stunden nach der Aktion geht der Präsidentschaftsbewerber der Demokraten Joe Biden in die Öffentlichkeit. Kein Amerikaner müsse um Soleimani trauern, denn: „Er unterstützte den Terror und säte Chaos." Aber dann folgt der Satz, der sofort um die Welt geht: *„Trump hat gerade eine Dynamitstange in ein Pulverfass geworfen."* Der Präsident wolle, wie er behaupte, „Attacken des Iran verhindern. Aber seine Aktion wird höchstwahrscheinlich den gegenteiligen Effekt haben." Nancy Pelosi bezeichnet die Tötung Soleimanis „provokant und unverhältnismäßig". Der demokratische Senator Chris Murphy fragt: Haben die USA „gerade ohne Zustimmung des Kongresses die zweitmächtigste Person im Iran ermordet und wissentlich einen potenziell massiven regionalen Krieg ausgelöst?"[17]

Weltweit wird das Handeln Trumps kritisiert, auch, wie in den USA, teils zurückhaltend, teils massiv. Der Generalsekretär der Vereinten Nationen António Guterres erklärt: „Die Welt kann sich keinen weiteren Golf-Krieg leisten." Der deutsche Außenminister Heiko Maas äußert sich sehr vorsichtig und diplomatisch verklausuliert: „Die US-Militäraktion folgt auf eine Reihe gefährlicher Provokationen Irans. Es ist durch die Aktion aber nicht einfacher geworden, Spannungen abzubauen." Der frühere Außenminister Sigmar Gabriel, jetzt Chef des amerikafreundlichen Vereins *Atlantikbrücke*, wird deutlicher. Er stimmt dem Satz Bidens „voll zu", Trump habe eine Dynamitstange in ein Pulverfass geworfen. Soleimani sei ganz gewiss verantwortlich für Gewalt und viele Opfer. Das, was jetzt passiere, sei aber letztlich die Folge der Kündigung des Atomabkommens durch Trump. Der außenpolitische Sprecher der SPD-Bundestagsfraktion Nils Schmid meint: „Die Amerikaner reagieren kurzsichtig, sie haben erkennbar keinen Plan für den Umgang mit dem Iran. Die Gefahr ist groß, dass die USA in einen Krieg hineinrutschen, obwohl Präsident Donald Trump den ja nach eigener Auskunft gar nicht will." Vorsorglich fügt er hinzu: „Ein Krieg zwischen dem Iran und den USA würde nicht den NATO-Bündnisfall auslösen. ... US-Präsident Trump handelt komplett auf eigene Faust."[18]

Unerbittlich, fanatisch, einstimmig kommt der Ruf nach Rache aus dem Iran. Millionen Demonstranten in Teheran und anderen großen Städten stehen geschlossen hinter der Regierung. Die Proteste gegen die Führung sind Vergangenheit. Präsident Hassan Rohani erklärt, zweifellos würden die Iraner und andere unabhängige Staaten dieses schreckliche Verbrechen rächen. Der Vizekommandeur der iranischen Revolutionsgarden wird noch deutlicher: Das Weiße Haus könne schon die Särge für seine Truppen in der Region bestellen.

Nach dieser Ankündigung blutiger Rache befindet sich Trump in einer nahezu ausweglosen Lage. Kommt der von Teheran angekündigte Gegenschlag mit vermutlich vielen toten amerikanischer Soldatinnen und Soldaten muss er, um die Unterstützung seiner Wähler nicht zu verlieren und nicht als Schwächling dazustehen, ebenso hart oder noch härter reagieren. Das droht er auch sofort an: Er werde in diesem Fall die iranische Wirtschaft zerstören und selbst vor der Vernichtung von Kulturgütern nicht zurückschrecken. Für ihn geht es jetzt ums politische Überleben. Die offene militärische Konfrontation zwischen dem Iran und den USA ist einen Schritt näher gerückt. Ein Krieg aber würde mitten im Wahlkampf mit größter Wahrscheinlichkeit seine Niederlage bedeuten.

Die Empörung über die Drohung Trumps, iranische Kulturstätten zu zerstören, ist weltweit. *Der Spiegel* bringt es in einem Kommentar vom 6. Januar auf den Punkt: Sollte er das wahrmachen, stünde er auf einer Stufe mit den Taliban. Es wäre „ein Zivilisationsbruch", der „Bruch mit dem Westen". Er sei dabei, „sich aus der westlichen Wertegemeinschaft zu verabschieden" und einen „Akt der Barbarei" zu begehen. Im Anschluss an dieses eindeutige Urteil kritisiert *Der Spiegel* ein Statement, das Angela Merkel, Emmanuel Macron und Boris Johnson am Tag vorher, am 5. Januar, veröffentlicht hatten: „Anstatt die völkerrechtswidrige Ermordung von Quasem Soleimani als unverhältnismäßige Eskalation des Konflikts zu kritisieren, ermahnen die Europäer Teheran, ‚von weiteren gewalttätigen Aktionen oder deren Unterstützung abzusehen'. Das Vorgehen der USA wurde nicht einmal erwähnt. So macht Europa sich unglaubwürdig." Die Leisetreterei der Europäer werde Trump nicht besänftigen. Vielmehr wachse die Gefahr, dass sich die USA zu weiterer Eskalation ermutigt fühlen. Was werde geschehen, wenn die Amerikaner einen iranischen Vergeltungsschlag zum NATO-Bündnisfall erklären? Für das Bündnis „könnte das zur Zerreißprobe werden. Nicht ausgeschlossen, dass nicht Russland, sondern Iran die transatlantische Allianz an die Grenzen bringt."[19]

Auch in den USA, in mehr als 300 Städten, gibt es Demonstrationen gegen Trump und den drohenden Krieg. Vor dem Kongressgebäude werden Plakate gezeigt mit den Losungen „Eskalation ist der falsche Weg" und „Keinen Krieg mit dem Iran". Das Repräsentantenhaus stimmt mehrheitlich für eine Resolution, die die Möglichkeiten des Präsidenten, einen Krieg zu führen, begrenzen soll. Der Republikaner Kevin McCarthy spricht dagegen. Es sei eine bedeutungslose Abstimmung, die das falsche Signal aussende. Eine Mehrheit der Bevölkerung von 53 Prozent ist laut einer Umfrage der Zeitung *USA Today* für die Resolution zur Begrenzung der Befugnisse des Präsidenten, nur 33 Prozent sind dagegen. Sie braucht allerdings noch die Zustimmung des Senats, die es nicht geben wird.

Wie es so schön heißt: Ist die Not am Größten, ist Gott am Nächsten. Im Fall von Trump ist es allerdings nicht Gott, sondern die Führung des Iran, die ihn aus höchster Not rettet. Ihr angekündigter Vergeltungsschlag kommt am 7. Januar. Aber er ist überaus maßvoll: Mehr als ein Dutzend iranische Raketen schlagen auf den von den amerikanischen Truppen genutzten

Militärbasen Ain-al-Assad im Westen und Erbil im Norden von Bagdad ein, ohne größeren Schaden anzurichten. Trump tritt am folgenden Tag vor die Öffentlichkeit und erklärt, durch den iranischen Raketenschlag sei kein amerikanischer Soldat getötet worden. Die Bürger der USA sollten dankbar und froh sein. Er kündigt zwar neue Sanktionen an, vermeidet aber jede Drohung mit einer militärischen Gegenaktion. Zwar wettert er gegen das Mullah-Regime, prophezeit aber auch, dass der Iran mit einer veränderten Politik eine große Zukunft im Wohlstand erleben werde. Nach einem „atemberaubenden Slalomkurs" ist Trump sich offenkundig des Ernstes der Lage bewusst geworden. 2016 war er auch deshalb gewählt worden, weil er den Abzug amerikanischer Truppen aus dem Mittleren und Nahen Osten angekündigt hatte. Jetzt aber droht ein Krieg. Da erkennt er: Bei einer weiteren militärischen Eskalation in der Region „müsste er als Kriegspräsident um seine Wiederwahl gegen TV-Bilder von Soldaten-Särgen kämpfen."[20] Und das will er auf keinen Fall.

Ein weiteres Ereignis hilft ihm. Plötzlich steht er nicht mehr im Mittelpunkt des internationalen Interesses: Ein ukrainisches Zivilflugzeug auf dem Weg von Teheran nach Kiew stürzt am Morgen des 8. Januar kurz nach dem Start ab. Alle 176 Insassen kommen ums Leben. Die iranische Führung spricht tagelang von einem technischen Defekt als Ursache für den Absturz. Erst unter starkem nationalen und internationalen Druck räumt sie schließlich ein, dass der Flieger von einer Einheit der iranischen Revolutionsgarden versehentlich abgeschossen wurde. Während nach der Tötung Soleimanis die Bevölkerung geschlossen hinter der Führung gestanden hatte, kommt es jetzt zu wütenden Protesten wegen der tagelangen Leugnung der Wahrheit. Wieder zeigt sich, wie labil die Lage im Land ist, dass der Widerstand, der Wochen vorher mit Gewalt niedergeschlagen wurde, jederzeit erneut aufflammen kann. Religiöse Führung, Regierung und Militär sind blamiert, nicht nur wegen des Abschusses, sondern auch, weil sie nicht in der Lage sind zu erklären, wie ein Zivilflugzeug, das gerade gestartet ist, mit einer feindlichen Rakete verwechselt werden konnte. Als Trump sich in dieser Situation mit den Protestierenden im Iran öffentlich solidarisiert, ist das allerdings nur peinlich.

Ein weiteres Ereignis wirkt sich positiv für Trump aus: Nach monatelangem Streit wird ein amerikanisch-chinesisches Handelsabkommen unterzeichnet. Die italienische Zeitung *Corriere della Sera* schreibt dazu, es lässt hoffen, „dass dieser Tag einen Wendepunkt in den gesamten Beziehungen zwischen den Vereinigten Staaten und China markieren wird“. Die französische Wirtschaftszeitung *Les Échos* sieht Trump im Aufwind: „Zehn Monate vor der Präsidentenwahl gelingen dem Präsidenten starke Symbole. ... sollte dies seine Wiederwahl garantieren, dann hat Donald Trump einmal mehr unglaubliches politisches Flair gezeigt.“[21]

Über den weiteren Verlauf des Impeachment-Verfahrens und die bevorstehende Abstimmung im Senat muss sich Trump keine Sorgen mehr machen. Wie es scheint, hat er alles wieder unter Kontrolle.

Quellen

1 *zdf info*, *SPIEGEL* Politik: Debatte zu Trump-Impeachment. Die Schlacht vor der Abstimmung, 18.12.2019, 22:41 Uhr.
2 *SPIEGEL ONLINE*, Anklage im Kongress. Das Amtsenthebungsverfahren zerreißt Amerika, von Marc Pitzke, 19.12.2019, 10:23 Uhr.
3 Von Karl Doemens in der *Berliner Zeitung*, 20.12.2019.
4 Wie Anmerkung 1.
5 Wie Anmerkung 1.
6 https://de.wikipedia.org, Amtsenthebungsverfahren gegen Donald Trump
7 https://www.ejz.de/blick-in-die-welt/politik/impeachment, *Elbe-Jeetzel-Zeitung* (Lüchow-Dannenberg), Pressestimmen: Impeachment-Presse: „Demokraten könnten sich verrechnet haben“, 19.12.2019.
8 *Der Spiegel*, 21.12.2019, S. 83: In Schönheit sterben. Analyse. Donald Trump wird als Sieger aus der Schlacht um das Impeachment-Verfahren in den USA hervorgehen. Was können die Demokraten daraus lernen?
9 t-online, Fabian Reinbold, Post aus Washington, 18.12.2019. (Der deutsche Journalist Fabian Reinbold verschickt einmal pro Woche Rundbriefe aus Washington an Interessierte, auch an den Autor dieses Buches, der sich dafür bedankt)
10 https://www.sueddeutsche.de/politik/trump-impeachment, US-Präsident Trump. Ein Impeachment mit lauter Verlierern.
11 https://www.nytimes.com/2019/12/19/reader-center-trump/impeachment, A very sad Time for this Country: Readers React to Trump's Impeachment, 01.01.2020.
12 Ebenda.
13 www.*Handelsblatt*.com.
14 www.tagesschau.de.
15 https://www.*Handelsblatt*.
16 https://sueddeutsche.de/politik/trump-wahlkampf-usa, Warum Trump in der US-Wahl die besten Chancen hat, 31.12.2019, 10:16 Uhr. Ausblick 2020.
17 *Berliner Zeitung*, 4./5. Januar 2020, Dynamit ins Pulverfass, von Karl Doemens, Andreas Niesmann und Tobias Peter, Washington/Berlin.
18 Ebenda.
19 https://www.spiegel.de/politik/ausland/usa-toetet-qasem-soleimani, Trumps Drohung gegen Iran. Der Bruch mit dem Westen. Ein Kommentar von Christian Hoffmann, 06.01.2020, 22:05 Uhr.
20 *Berliner Zeitung*, 9. Januar 2020, Ein Schritt zurück, von Karl Doemens, Washington.
21 Ebenda, 17. Januar 2020, Aufwind für Trump.

3. Das Debakel der Demokraten im Senat

Ein klangloses Aus des Impeachment-Verfahrens

Am Donnerstag, dem 16. Januar 2020, wird das Impeachment-Verfahren gegen Donald Trump im Senat offiziell eröffnet. Es erfolgt eine Vertagung auf Dienstag, den 21. Januar. An dem Tag beginnt dann die Sitzung 13:00 Uhr Ortszeit und endet kurz vor 2:00 Uhr in der Nacht, nach knapp dreizehn Stunden. Als Vorsitzender des gesamten Verfahrens wird John Roberts, der Oberste Richter der USA *(Chief Justice)* vereidigt. Die Verhandlungen beginnen mit einer Rede von Mitch McConnell (Kentucky), Mehrheitsführer der Republikaner im Senat, einem getreuen Vasallen des Präsidenten. Ihm folgt Chuk Schumer, Demokrat, Minderheitsführer im Senat. Adam Schiff, Vorsitzender des Geheimdienstausschusses im Repräsentantenhaus, spricht als Hauptankläger der Demokratischen Partei. Pat Cipollone ergreift als Hauptverteidiger des Präsidenten das Wort. Beide, Schiff und Cipollone, werden jeweils von einem Team der Anklage bzw. der Verteidigung unterstützt. Zu den Vertretern der Verteidigung gehört auch Kenneth Starr, der berüchtigte Sonderermittler im Impeachment-Verfahren gegen Bill Clinton. Die von den Rednern vorgebrachten Argumente sind im Wesentlichen die aus den Verhandlungen im Repräsentantenhaus. Außer einigen geringfügigen Variationen gibt es nichts Neues.

Die hitzige Debatte dreht sich einmal um den weiteren Verlauf, das Procedere der Verhandlungen. Der zweite Streitpunkt betrifft die von den Demokraten verlangte Anhörung weiterer Zeugen und die Anforderung zusätzlicher Dokumente aus dem Weißen Haus sowie anderer Ministerien und Dienststellen. Zum ersten Punkt beschließen die Republikaner mit ihrer Mehrheit

- Die Vertreter der Anklage und der Verteidigung bekommen je 3 Tage mit jeweils 8 Stunden,
- Danach sind 2 Tage vorgesehen für Anfragen der Senatorinnen und Senatoren an die Ankläger und die Verteidiger.
- Es folgen die Plädoyers der Anklage und der Verteidigung,
- Die Forderung der Demokraten, weitere Zeugen zu hören und zusätzliche Dokumente zu bekommen, wird von der republikanischen Mehrheit abgelehnt. Gegen Ende der Verhandlungen kann aber noch einmal darüber debattiert und abgestimmt werden,
- Das Verfahren endet mit einer nochmaligen Debatte und der Abstimmung getrennt nach den 2 Anklagepunkten.

Zu Punkt 2 der Anklage gibt es die schärfsten Auseinandersetzungen. Die Demokraten fordern, wie schon gesagt, weitere Zeugen und Dokumente. Ihr Argument: Nur so ist ein fairer Prozess möglich. Außerdem hoffen sie, auf diese Weise vielleicht doch die Phalanx der Republikaner aufbrechen zu können. Vor allem aber wollen sie damit die Öffentlichkeit beeindrucken und einen Stimmungsumschwung in der Bevölkerung zu ihren Gunsten bewirken. Ein starker Druck der Wählerinnen und Wählern könnte, so ihre Hoffnung, doch noch eine Verurteilung des Präsidenten bewirken. Da bei der Abstimmung über Fragen der Geschäftsordnung nur die einfache Mehrheit erforderlich ist, brauchen die Demokraten nur 4 der Republikaner auf ihre Seite zu ziehen, was sie für möglich halten. Die Vertreter der Republikanischen Partei im Senat wollen die Anhörung weiterer Zeugen auf jeden Fall verhindern und das Verfahren so schnell wie möglich abschließen. Nach erbitterten Debatten setzen sich die Republikaner mit ihrer Mehrheit durch. Alle Anträge der Demokraten werden abgelehnt.

Für die Senatorinnen und Senatoren gelten währen der Verhandlungen harte Regeln: Sie dürfen nicht telefonieren oder mailen. Gespräche unter ihnen sind verboten. Sie müssen auf ihren Sitzen bleiben. Essen und Trinken ist untersagt. Sie dürfen sich nicht entspannt zurücklehnen oder schlafen. Dazu kommt noch: Es herrscht Anwesenheitspflicht. Denjenigen, die unentschuldigt fehlen, wird Gefängnisstrafe angedroht. Der Text der Regeln:

Chamber Rules of Impeachment Trial
No cell phones or electronics
No talking during trial
Stay seated
No food or drink
No leaning[1]

Die Regeln ähneln in gewisser Weise denen der Papstwahl. Allerdings werden die Türen nicht zugemauert und man verzichtet auf schwarzen oder weißen Rauch, um das Ergebnis anzuzeigen.

Dem strapaziösen, kräftezehrenden ersten Tag folgen je drei Tage für die Anklage und die Verteidigung. Auch hier wieder: Es gibt keine neuen Argumente. Der Chef des Anklageteams Adam Schiff wiederholt: Trump hat seinen Ukraine-Plan „mit korrupter Absicht vorangetrieben". Der Demokrat Jerrold Nadler (New York) betont, Trump sei der erste Präsident, der versucht habe, den Staatschef eines anderen Landes zu nötigen, ihm bei seiner Wahl zu helfen. Er habe in einer Weise agiert, dass er damit sogar Nixon in den Schatten stellt. Andere Redner der Demokraten betonen, gegen die Argumente der Republikaner gerichtet: Es ist nicht nötig, dass der Präsident eine Straftat im Sinne des Gesetzes begangen hat. In der Verfassung heiße es, er könne angeklagt werden wegen schwerer Straftaten *und Fehlverhaltens (Vergehens)*. Das treffe auf Trump zu.[2]

Im Anschluss an die Reden der Ankläger haben die Verteidiger Trumps drei Tage Zeit, um ihre Argumente vorzutragen. Pat Cipollone, Rechtsberater des Weißen Hauses und Chef des achtköpfigen Teams der Verteidigung, erklärt einmal mehr: „Der Präsident hat im Umgang mit der Ukraine nichts falsch gemacht." Die Demokraten hätten „immer und immer wieder Dinge gesagt, die einfach nicht wahr sind". Sie möchten einen legitimen, ordentlich gewählten Präsidenten stürzen. Auf der Basis einer betrügerischen Untersuchung wollen sie dem amerikanischen Volk das Wahlrecht nehmen. Mike Purpura, Mitglied des Teams der Verteidigung, behauptet, es gebe keinen einzigen Zeugen, der ausgesagt habe, der Präsident habe eine Verbindung zwischen den erbetenen Ermittlungen des ukrainischen Präsidenten gegen Joe Biden und der Militärhilfe hergestellt.[3] Gerade *das* aber schreibt John Bolton, der von Trump entlassene Sicherheitsberater, in seinem in Teilen vorveröffentlichten Buch *„The Room Where it Happened"*, gestützt auf damalige Gespräche der beiden. Die Demokraten fordern daher mit größtem Nachdruck, Bolton als Zeugen vorzuladen. Der deutsche Journalist Fabian Reinbold interpretiert die Position der Republikaner: Es ist „ein beeindruckendes Beispiel, wie die amerikanische Politik derzeit funktioniert." Sie sind „weniger an den Tatsachen interessiert, dafür umso mehr am Schutz ihres Präsidenten. ... Der dritte Impeachment-Prozess in der US-Geschichte wird ohne Zeugen, ohne Übergabe eines einzigen Dokuments in die Geschichtsbücher eingehen."[4]

Nach den sechs Tagen, an denen die Ankläger und die Verteidiger das Wort hatten, dürfen die Senatorinnen und Senatoren Fragen stellen. Diese müssen auf kleine Zettel geschrieben und dem Vorsitzenden, dem Obersten Richter Roberts, überreicht werden. Der liest sie dann vor. Auch hier wieder: Nichts Neues. Die Fragen geben zum großen Teil den Anklägern bzw. den Verteidigern die Gelegenheit, schon Gesagtes noch einmal zu wiederholen.

Die sieben Tage, die hinter den Mitgliedern des Senats liegen, waren äußerst anstrengend und haben ihre Spuren hinterlassen. Rund 60 Stunden mussten sie, darunter ja auch ältere Herrschaften, still in ihren braunen Ledersesseln sitzen und zuhören. Jetzt lässt die Disziplin deutlich nach. Die strengen Regeln für das Verhalten werden immer weniger beachtet. *Bild.PLUS* schreibt schon am 25. Januar, vier Tage nach der Eröffnungssitzung: „Impeachment im Senat wird zur Farce. Senatoren basteln, malen und quatschen statt zuzuhören ... und bei den Amerikanern stößt der Prozess bisher auf sehr geringes Interesse“.[5]

Nach den zwei Tagen, an denen Fragen gestellt werden können, tagt der Senat wieder am Freitag, dem 31. Januar 2020. Vorgesehen sind: eine nochmalige Debatte; eine zweite Abstimmung über die Frage zusätzlicher Zeugen und Dokumente; die endgültige Abstimmung über das Impeachment-Verfahren, d.h. über die zwei Punkte der Anklage. Nach der nochmaligen Abstimmung über den Antrag der Demokraten betreffend zusätzliche Zeugen und Dokumente verkündet der Oberste Richter Roberts das Ergebnis: Ablehnung mit 51 : 49 Stimmen. Zwei Republikaner, Susan Collins und Mitt Romney, hatten mit den Demokraten gestimmt. Der republikanische Senator Lamar Alexander, einer der hoch geachteten Veteranen im Senat, stimmt mit seiner Partei, gibt dazu aber folgende Erklärung ab: Trump habe sich in der Ukraine-Frage „unangebracht“ verhalten. Das reiche jedoch nicht für eine Amtsenthebung aus. Viele Amerikanerinnen und Amerikaner könnten nicht akzeptieren, dass er bei der Wahl am 3. November nicht antreten dürfe. Bei einem erzwungenen Rücktritt Trumps würden die ohnehin tobenden Kulturkämpfe im Land „mit Benzin weiter angeheizt“.[6] Die Verfassung gebe dem Senat nicht die Macht, den Präsidenten wegen unangemessenen Verhaltens aus dem Amt zu entfernen. Damit unterscheidet sich Lamar Alexander von anderen Republikanern. Kenneth Starr aus dem Team der Verteidigung erklärt, das von den Demokraten angezettelte Impeachment-Verfahren führe nur zu Bitterkeit und zerreiße das Land.

Nancy Pelosi macht den Standpunkt der Demokraten noch einmal deutlich: „Man kann nicht freigesprochen werden, wenn es keinen ordentlichen Prozess gibt. Und es gibt keinen richtigen Prozess, wenn keine Zeugen vernommen werden und keine Dokumente herangezogen werden." Der Minderheitsführer der Demokraten im Senat Chuk Schumer bezeichnet das Verhalten der Republikaner „tief besorgniserregend" und meint, ein Freispruch Trumps ohne weitere Anhörungen sei „eine Farce".[7]

Die *New York Times* schreibt am 2. Februar: Die Abstimmung über die Zulassung von Zeugen und weiteren Dokumenten ist ein Sieg des Präsidenten.[8] *Der Spiegel* veröffentlicht einen Bericht von Roland Nelles aus Washington: „Impeachment-Prozess gegen Trump. Mit der Entscheidung des Senats, keine weiteren Zeugen heranzuziehen, ist das Amtsenthebungsverfahren gegen US-Präsident Trump so gut wie gescheitert. Doch nicht nur die Republikaner wirken erleichtert. ... Für Trump und seine Republikaner ist die Entscheidung des Senats ein voller Erfolg. ... Das dürfte Trump Rückenwind für den Wahlkampf geben." Weiter heißt es in dem Artikel, selbst einige Demokraten dürften über das jähe Ende des Verfahrens bei aller Bitterkeit auch erleichtert sein, vor allem jene Mitglieder des Senats, die als Präsidentschaftskandidaten Wahlkampf in Iowa machen möchten, d. h. Bernie Sanders, Elizabeth Warren und Amy Klobuchar.[9] – Vielleicht sind aber auch andere Demokraten ganz froh, weil sie nun nicht noch einmal wegen eines ohnehin gescheiterten Verfahrens Tage oder Wochen in ihren Sesseln im Senatsgebäude verbringen müssen.

Die internationalen Medien reagieren ähnlich dem *Spiegel*-Artikel. Es gibt aber auch andere Töne. Die *Neue Zürcher Zeitung* ist der Meinung, dass die politischen Folgen für die Wahl am 3. November noch unklar sind. Umfragen ergäben ein Bild,

„aus dem jede Partei lichte oder düstere Prognosen erstellen kann." Die konservative französische Zeitung *Le Figaro* schreibt, nach dem Scheitern des Impeachment-Verfahrens müssten die Demokraten jetzt einen Kandidaten aufstellen, der Trump schlagen kann. Das sozialdemokratische schwedische *Aftonbladet* würdigt die zwei Republikaner, die es gewagt hatten, sich gegen Trump zu positionieren: Mitt Romney und Susan Collins. Sie müssten als „Repräsentanten einer anständigen Rechten" gesehen werden.[10] *n-tv* spricht am 1. Februar von der Impeachment-„Tragödie". Trump könne jetzt einen Freispruch „im Eiltempo" erwarten.[11] In dem Sinn schreibt auch der Wiener *Standard*: „Der Senat hat bei Trumps Impeachment versagt".[12] *De Volkskrant* aus den Niederlanden stellt fest: „Das gab es noch nie: Impeachment ohne Zeugen. Der Verlauf des Verfahrens skizziert ein bedenkliches Bild vom Zustand der Demokratie und des Rechtsstaats in den USA." Der britische *Independent* kommt zum Ergebnis: Der „Freispruch wird Trump die letzten Skrupel nehmen." Der Washington-Korrespondent des *Deutschlandfunks* schließlich versucht, doch noch etwas Positives im Ausgang des Impeachments zu finden: „Trotz ihrer Niederlage könnten die Demokraten (im Wahlkampf) noch Nutzen aus der Angelegenheit ziehen."[13]

Die eigentlich schon für den 31. Januar geplante Abstimmung über die zwei Punkte der Anklage wird auf Mittwoch, den 5. Februar verschoben. An diesem Tag ist es dann soweit: Nach einem enormen Zeitaufwand – rund 20 Wochen nach dem Beginn der Ermittlungen zum Impeachment-Verfahren, 17 Wochen nach der offiziellen Eröffnung im Repräsentantenhaus und 13 Tage nach Beginn der Verhandlungen im Senat – wird abgestimmt. Es ist eine Abstimmung, deren Ergebnis von Anfang an feststand.

Die Atmosphäre im Senat ist vergiftet, geprägt von Bitterkeit, teils schon von offen gezeigtem Hass. Das Stimmenverhältnis von Republikanern zu Demokraten beträgt, um es noch einmal zu sagen, 53 : 47. Das Ergebnis der Wahl zu Punkt 1 der Anklage erscheint auf einer großen Tafel:

„GUILTY 48 NOT GUILTY 52.
The Question is on Article One“

Die Phalanx der zwei Parteien steht geschlossen, bis auf einen Abweichler: Der Republikaner Mitt Romney. Er – hochangesehener Senator, Veteran in dieser Kammer, erfolgloser Präsidentschaftskandidat des Jahres 2012 – stimmt bei Punkt 1 der Anklage, mit den Demokraten. Trump wird ihn an den folgenden Tagen wüst beschimpfen.

Die Reaktionen in den USA und in anderen Ländern unterscheiden sich nur wenig von denen auf die Abstimmung über die Zulassung weiterer Zeugen und Dokumente wenige Tage davor. Der allgemeine Tenor ist: Trump hat einen Sieg davongetragen, die Demokraten eine Niederlage. Durch die Verweigerung, weitere Zeugen zu vernehmen, war es aber kein fairer Prozess. Jetzt müssen die Wähler am 3. November entscheiden. Die *New York Times* titelt: „Trump freigesprochen von beiden Punkten des Impeachments in einem den Parteilinien entsprechenden Votum. Romney bietet seiner Partei, deren Personifizierung er einst war, die Stirn und stimmt dafür, Trump zu verurteilen.“[14] Roland Nelles und Marc Pitzke, Washington, meinen im *Spiegel*: „Am Ende ging alles ganz schnell. Nur wenige Minuten dauerte die

Abstimmung, dann hatte US-Präsident Donald Trump das Impeachment-Verfahren hinter sich." Für die beiden Autoren gibt es 6 Lehren aus dem Impeachment-Debakel: „1. Trumps Missbrauch wird legitimiert." Es gibt jetzt einen Staatschef, der alles tun kann, was er will. Er verfügt über eine Machtfülle, die seine Amtszeit möglicherweise überdauern kann. „2. Das Volk muss über Trump entscheiden." „3. Trump hat die Republikaner fest im Griff." Es gibt kein Wackeln und Wanken. „4. Teile der Affäre wurden nicht aufgeklärt." Das Bild über seine Verfehlungen ist immer noch nicht komplett, da keine weiteren Zeugen aussagen und keine zusätzlichen Dokumente angefordert werden konnten. „Der Senat hat hier in seiner Rolle als Kontrollinstanz versagt." „5. Den Demokraten fehlt ein Rezept gegen Trump." „6. Das Land bleibt gespalten." Während die eine Hälfte der Bevölkerung ihn verdammt, steht die andere fest zu ihm.[15]

Die *Berliner Zeitung* würdigt das Verhalten von Mitt Romney: „... mit seinem couragierten Akt des Widerstands (schreibt er) Geschichte." Das sei umso höher zu bewerten, da er bisher eigentlich als politischer Opportunist galt, weil er sich von einem liberalen Gouverneur des Bundesstaates Massachusetts „zum konservativen Bannerträger der Republikaner gegen Barack Obama 2012" entwickelte.[16] Die *Süddeutsche Zeitung* ist in einem Kommentar von Thorsten Denkler, New York, der Meinung, die Entscheidung des Senats ist der „Freispruch für einen Schuldigen".[17] Die *Neue Zürcher Zeitung* äußert die Ansicht „Der Freispruch im Impeachment-Prozess schafft einen verhängnisvollen Präzedenzfall. Der amerikanische Senat hat sich nicht die Mühe einer ernsthaften Auseinandersetzung gegen Donald Trump gemacht. Das bestärkt den Präsidenten in seiner Meinung, sich alles erlauben zu können."[18]

Trump reagiert auf den Freispruch mit frenetischem Jubel und der üblichen Verhöhnung der Demokraten. In einem 30-Sekunden-Video wird eine Reihe von Kampagne-Schildern gezeigt. Auf ihnen steht nicht nur „T(rump) 2020", sondern auch noch „T 2024" und „T 2028". Schließlich heißt es „T4EVA", d.h. „Trump for Ever". Der *Tagesspiegel* kommentiert das: „In Trumps Phantasie reicht seine Macht über Jahrzehnte, Jahrhunderte und Jahrtausende".[19]

Am 6. Februar, einen Tag nach dem Freispruch im Senat, veranstaltet Trump eine Siegesfeier mit handverlesenem Publikum im *East Room* des Weißen Hauses. In einer langen, weitgehend improvisierten Rede beschimpft und beleidigt er die Demokraten als „boshafte und gemeine Politiker, die die USA ‚zerstören' wollen". „Lausige Politiker mit einer lausigen Politik" hätten eine Hexenjagd gegen ihn betrieben. Den Hauptankläger der Demokraten Adam Schiff bezeichnet er als „korrupte, boshafte und furchtbare Person".[20] Ähnlich äußert er sich über Nancy Pelosi. Fabian Reinbold nimmt als akkreditierter Journalist an dieser Jubelveranstaltung teil. In seinem Newsletter „Post aus Washington" vom 7. Februar berichtet er darüber: *„Trump pur, eine Stunde seinem Bewusstseinsstrom folgend.* Nachtreten gegen die Gegner, überschwängliches Lob jedes einzelnen Verbündeten, wie ein Oscar-Gewinner ... Trump schweifte ab, witzelte, fluchte. *Alles sprudelte aus ihm heraus.*"[21]

Quellen

1 fabian-reinbold@getrevue.com, Post aus Washington, Die USA unter Trump – jeden Freitag kurz erklärt, 24.01.2020, 08:02 Uhr.

2 Beide Zitate: https://www.sueddeutsche.de/politik/trump-impeachment-newsblog, *Süddeutsche Zeitung*, Impeachment: Chancen auf weitere Zeugenanhörungen steigen, von SZ-Autoren, ohne Datum.

3 Beide Zitate: ebenda.

4 fabian-reinbold@getrevue.co, Post aus Washington, 31.01.2020.

5 *Bild. BILDPLUS*, 25.01.2020, 16:54 Uhr.

6 https://www.spiegel.de/politik/ausland/donald-trump-im-impeachment, Impeachment-Prozess gegen Trump. Freispruch zweiter Klasse, aus Washington berichtet Roland Nelles, 01.02.2020, 07:53 Uhr.

7 Die drei Zitate: https://www.merkur.de/politik/donald-trump-impeachment-freispruch, *Merkur*, Impeachment: Trump könnte schon am Mittwoch Freispruch bekommen – Demokraten in Rage, 01.02.2020, 12:16 Uhr.

8 https://www.nytimes.com/2020/02/05/us/politics/impeachment/vote, *The New York Times*, Impeachment Trial Updates: Senate Acquits Trump, Ending Historic Trial, by Peter Baker, 2020-02-05.

9 Wie Anmerkung 6.

10 Zitate nach: *Berliner Zeitung*, Auslese. Die USA sind nun im Wahlkampf, 04.02.2020.

11 n-tv, 01.02.2020, 11:33-1:04 Uhr.

12 www.derstandard.at>diskurs>kommentare>, *Der Standard*, Manuel Escher, 03.02.2020.

13 www.eurotopics.net>impeachment-vor-dem-aus-was-sind-die-folgen, *De Volkskrant* (NL), 03.02.2020; Independent (GB), 01.02.2020; *Deutschlandfunk* (DE), 01.02.2020, von Washington-Korrespondenten Jan Bösche. (*eurotopics:* Der tägliche Blick in Europas Presse)

14 Trump Acquitted of Two Impeachment Charges in Party-Line Vote: Romney Defying the Party He Once Personified Votes to Convict Trump.

15 https://www.spiegel.de/politik/ausland/trump-impeachment--sechs-lehren, Freispruch für Trump. Sechs Lehren aus dem Impeachment, 06.02.2020, 13:01 Uhr.

16 *Berliner Zeitung*, Ihm droht die Rache des Präsidenten, von Thomas Spang, Washington, 07.02.2020.

17 www.sueddeutsche>politik>trump-impeachment, 06.02.2020, 10:18 Uhr.

18 www.nzz.ch>meinung>impeachment-gegen-trump-ein-verhaengnisvoller-fehler, Kommentar, 05.02.2020, 22:34 Uhr.

19 https://www.tagesspiegel.de/politik/impeachment-im-senat-gescheitert, *Tagesspiegel*, Trump sieht sich nach Freispruch schon als Präsident „4EVA", 05.02.2020, 23:48 Uhr.

20 *Berliner Zeitung*, Trump nennt Demokraten „boshaft und gemein", 07.02.2020.

21 fabian-reinbold@getrevue.com, Post aus Washington: Die Blamage, 07.02.2020, 08:02 Uhr.

4. Bericht zur Lage der Nation (State of the Union Address).

4. Februar 2020

Am 4. Februar, einen Tag vor seinem Freispruch im Senat, hält Trump in einer gemeinsamen Sitzung beider Häuser des Kongresses die jährliche Rede zur Lage der Nation. Das Weiße Haus sowie der ihm eng verbundene Fernsehsender *Vox News*, *The New York Times* und andere Medien veröffentlichen sie im vollen Wortlaut.[1] Die Botschaft der USA in Berlin stellt eine autorisierte deutsche Übersetzung ins Netz.[2]

In der Tagesschau vom 5. Februar fasst der deutsche Fernsehsender *Das Erste, ARD*, die Rede folgendermaßen zusammen: „Trump beschwört ‚amerikanisches Comeback'".[3] In seiner Fassung heißt es sogar *„the Great American Comeback"*. Der Bericht ist eine einzige peinliche Lobpreisung dessen, was er bisher vollbracht hat oder glaubt, vollbracht zu haben. Da der Wahlkampf längst begonnen hat, verbindet er das sogleich mit der Warnung vor einer „sozialistischen Übernahme" des amerikanischen Gesundheitssystems und darüber hinaus der gesamten Nation, wenn es den Demokraten gelänge, am 3. November wieder ins Weiße Haus einzuziehen. Als seine Verdienste zählt er auf: die boomende Wirtschaft; die beispiellose Stärke der Streitkräfte; die sicheren Grenzen; die Tatsache, dass die Werte des Landes erneuert und sein Stolz wiederhergestellt seien. Das Impeachment-Verfahren, über das einen Tag später im Senat abgestimmt werden soll, erwähnt er mit keinem Wort. Neu für eine Rede zur Lage der Nation ist die Anwesenheit eines ausländischen Gastes, des selbsternannten Führers der Opposition in Venezuela, Juan Guaidó. Trump spricht, wie üblich, hauptsächlich über Fragen der Innenpolitik. Außenpolitik spielt eine geringe Rolle.

Er unternimmt nicht einmal den Versuch, nach Gemeinsamkeiten mit den Demokraten zu fragen. Diese sitzen „grimmig und versteinert auf ihren Plätzen", wie die *Berliner Zeitung* schreibt.[4] Anders die Senatsmitglieder der Gegenseite. Die Republikaner reißt es mehrfach von den Sitzen. Wenn er vom Bau seiner langen, großen und sehr starken Mauer zu Mexiko, seines rigiden Umgangs mit Migranten und seiner restriktiven Abtreibungspolitik spricht, springen sie auf und skandieren: „Vier – weitere – Jahre!". Der *triumphalism* seiner Rede hängt wahrscheinlich auch mit einer am Vortag veröffentlichten Gallup-Umfrage zusammen: 49 Prozent der Amerikanerinnen und Amerikaner hatten bekundet, mit der Arbeit des Präsidenten zufrieden zu sein.[5] Die Zustimmungsrate in Europa dagegen ist sehr viel geringer. Aber so etwas gab es schon einmal: 2004 wünschten 70 Prozent der Europäer und sogar 80 Prozent der Deutschen keine Wiederwahl von George W. Bush. Gewählt wurde er aber mit einem Vorsprung von drei Millionen Stimmen. Nicht oder nur ganz am Rand erwähnt Trump die zunehmende Spaltung der Gesellschaft, die ungelösten Probleme des Gesundheitssystems, die zurückgebliebene Infrastruktur und die Probleme der Klimapolitik.

Den größten Raum in seiner Rede widmet er der günstigen wirtschaftlichen Lage. Schon im ersten Absatz heißt es: „Der

Arbeitsmarkt boomt, die Löhne steigen, die Armut geht stark zurück, die Kriminalitätsrate sinkt, die Zuversicht wächst und unser Land floriert wieder und ist wieder hoch angesehen. Die Feinde Amerikas sind auf der Flucht, Amerika hat das Glück wieder auf seiner Seite und blickt in eine glänzende Zukunft." Daraus schlussfolgert er dann: *„Amerika ist so stark wie nie zuvor."*

Trump zählt auf: Sieben Millionen neue Arbeitsplätze; eine Arbeitslosenquote so niedrig, wie seit über 50 Jahren nicht mehr, bei Afro-Amerikanern, Hispano-Amerikanern und Amerikanern asiatischer Abstammung sogar so niedrig wie nie zuvor; eine Armutsrate bei Afro-Amerikanern auf dem tiefsten je erfassten Stand; eine Arbeitslosigkeit bei Frauen so niedrig wie seit fast 70 Jahren nicht mehr. Weiter heißt es: Seit Beginn seiner Amtszeit seien 10 Millionen Amerikanerinnen und Amerikaner nicht mehr abhängig von Sozialhilfe; das Nettovermögen der unteren Hälfte der Lohnempfänger sei um über 47 Prozent gestiegen, dreimal so schnell wie beim oberen einen Prozent; zahlreiche Investitionen gingen „in 9.000 bisher vernachlässigte Gegenden, wo massenhaft Arbeitsplätze entstehen". 12.000 neue Fabriken seien entstanden, Tausende und Abertausende Werke befänden sich aktuell in Planung oder würden bereits gebaut. Unternehmen, die ins Ausland gegangen seien, kämen in die USA zurück. Das neue Abkommen mit Kanada und Mexiko werde den Handel „auf eine sehr viel höhere Ebene heben und viel gerechter gestalten". Das „bahnbrechend neue Abkommen mit China" soll „unser geistiges Eigentum schützen, Milliarden Dollar in unsere Staatskassen spülen und riesige Märkte für Produkte eröffnen, ... die hier in den Vereinigten Staaten produziert und angebaut" werden. – Die von Trump verwendeten Zahlen zeigen – auch wenn sie zum Teil nicht stimmen, wie noch ausgeführt werden wird – die zu der Zeit günstige wirtschaftliche Lage der USA. Sie ist wohl der Hauptgrund dafür, dass etwa die Hälfte der Amerikanerinnen und Amerikaner die Präsidentschaft Trump insgesamt positiv bewertet.

Mehrere amerikanische Medien und ein deutscher Fernsehsender haben einzelne Angaben der Rede Trumps kritisch hinterfragt und von Experten auf ihren Wahrheitsgehalt überprüfen lassen. Die *New York Times* (NYT) veröffentlicht einen ziemlich langen Beitrag mit dem Titel *„Fact-Checking Trump's 2020 State of the Union Address and the Democratic Response"*.[6] Der deutsche Fernsehsender *ZDF* fragt in einer Nachrichtensendung: „Check zur Lage der Nation. Trumps Rede unter der Lupe".[7] Die erste Frage des ZDF: Zur Aussage des Präsidenten, die wirtschaftliche Lage des Landes sei so gut wie noch nie zuvor, heißt es: „Amerikas Wirtschaft geht es aktuell zwar gut aber, dass es ihr so gut geht wie noch nie, stimmt nicht." In der Vergangenheit gab es einige Male ein deutlich höheres Wachstum als die 2,9 Prozent 2018. Ende der 1990er Jahre in der Präsidentschaft von Bill Clinton betrug das Wachstum vier Jahre hintereinander mehr als vier Prozent. 1984 waren es einmal sogar sieben Prozent.

Zweitens, zur Aussage: „Die Arbeitslosenquote ist die niedrigste seit mehr als einem halben Jahrhundert". Der Kommentar: „Richtig, die Arbeitslosenquote liegt bei 3,5 Prozent. Niedriger war sie zuletzt 1953, mit 2,5 Prozent." Der Erfolg ist aber nicht nur auf Trump zurückzuführen. Die Zahl begann schon unter

Obama zu sinken: von bis zu 10 Prozent als Folge der Finanzkrise auf 4,7 Prozent 2017, als die Amtszeit Trumps begann.

Drittens, zur Behauptung, seit seiner Wahl seien sieben Millionen neue Arbeitsplätze geschaffen worden, heißt es: Es darf nicht die Zeit seit seiner Wahl, sondern nur die seit seiner Amtseinführung berechnet werden. Da sind es laut Angaben der Behörde für Arbeitsstatistik 6,7 Millionen, also 300.000 weniger als von ihm angegeben.

Viertens: Als richtig wird die Aussage bestätigt, dass Millionen von Amerikanerinnen und Amerikanern nicht mehr auf Essenmarken *(food stamps)* angewiesen sind. 2017 waren es 42 Millionen, 2019 sind es nach Angaben des Ministeriums für Landwirtschaft nur noch 34 Millionen. Der Trend ist allerdings schon seit 2013 zu beobachten. Laut *Washington Post* ist das auch nicht nur auf das Wirtschaftswachstum zurückzuführen. Ein weiterer Grund sind neue Vergabe-Richtlinien in einigen Bundesstaaten. Außerdem sollen Immigranten-Familien aus Angst vor Repressionen das Hilfsprogramm verlassen haben.

Fünftens: Die Aussage, die Zahl der Drogentoten sei zum ersten Mal seit 30 Jahren zurückgegangen, wird als richtig bestätigt. Sie sank nach Angaben der Gesundheitsbehörde *CDC* 2018 im Vergleich zum Vorjahr um 4,1 Prozent auf 67.367.

Zur Aussage, das Handelsabkommen mit Mexiko und Kanada sei der erste große Deal seit vielen Jahren, der die Unterstützung der Gewerkschaften gefunden habe, wird festgestellt: „*This is true*". Der weitere Kommentar: Die größte Gewerkschaft *AFL-CIO* hat das Projekt unterstützt, aber vor allem wegen bestimmter Passagen, die auf Initiative von Kongressmitgliedern der Demokratischen Partei in den Vertrag aufgenommen wurden. Außerdem hätte Trump sagen müssen, dass einige Gewerkschaften wie die *United Automobile Workers, die International Association of Machinists and Aerospace Workers* und die *United Food and Commercial Workers* an ihrer Kritik des Abkommens festhalten.

Zur Aussage, die Trump-Administration arbeite daran, die Konflikte im Nahen und Mittleren Osten sowie in Asien zu beenden, wird festgestellt: Sicher ist die gegenwärtige Regierung näher als ihre Vorgänger an einem Abkommen mit den afghanischen Taliban. – Zum Nahen und Mittleren Osten müsste auch gesagt werden, dass Trump mehr als 14.000 Soldatinnen und Soldaten in die Region geschickt hat, um, wie es heißt, den Iran von möglichen Attacken abzuhalten und die amerikanischen Truppen und ihre Militärbasen zu schützen. Außerdem verbleiben im Irak mehr als 5.200 Militärangehörige.

Zur Feststellung *„ISIS – the bloodthirsty killer known as Al-Baghdadi – is dead"*, heißt es: Trotz dessen Tod bleibt der IS eine potentielle Bedrohung. Nach wie vor gibt es etwa 18.000 Kämpfer.

Zum Satz, die Zahl der Drogentoten sei zum ersten Mal seit fast 30 Jahren zurückgegangen, wird ohne weitere Ausführungen festgestellt: *„This is mostly true."*

Trump hatte in seiner Rede behauptet, die *One Trillion Trees Initiative*, die Initiative, in den USA und weltweit eine Billion (im Amerikanischen: *One Trillion*) Bäume zu pflanzen, sei ein wirksamer Beitrag zum Klimaschutz. Dazu meint die *New York Times*: Der Effekt dieser Initiative, die vom Weltwirtschafsforum in Davos einen Monat davor beschlossen wurde, ist umstritten. Einem Report der *National Academy of Sciences, Engineering, and Medicine* zufolge müsste allein in den USA ein Gebiet viermal so groß wie Kalifornien mit Bäumen bepflanzt werden, um Wirkung zu zeigen.

Trump behauptet, in kurzer Zeit seien 100 Meilen seiner Mauer an der Grenze zu Mexiko vervollständigt und mehr als 500 Meilen völlig fertiggestellt worden. Die *New York Times* zweifelt diese Zahlen an: „*This is misleading.*"

Wie Trump erklärt, gehen amerikanische Wirtschaftsunternehmen nicht mehr ins Ausland, sondern kommen in die USA zurück. Die *New York Times* dazu: Sein Versprechen hat nur begrenzte Resultate. Außerdem muss festgestellt werden, dass ausländische Investitionen in den USA nicht zugenommen haben.

Der Präsident lobt sein Vorgehen, China mit Zöllen gezwungen zu haben, mehr amerikanische Produkte einzuführen. Die *New York Times* bestätigt das, weist aber auf ein dadurch entstandenes Problem hin: höhere Verbraucherpreise in den USA.

Nach Trump mussten unter den vorherigen zwei Administrationen 60.000 amerikanische Firmen schließen. In seiner Zeit aber gebe es 12.000 Neugründungen. Der Kommentar der *New York Times*: „*This is false.*" Nach Angaben des *Quarterly Census of Employment and Wages* liegt die Zahl unter 11.000, und mehr als 8.000 davon haben jeweils nur fünf oder weniger Beschäftigte.

Die Behauptung des Präsidenten: Dank seiner Deregulierungen in der Wirtschaft sind die USA in der Welt die Nummer 1 bei der Förderung von Öl und Gas geworden. Die *New York Times* korrigiert: Wir sind die Nummer 1, das ist richtig. Aber es ist nicht das Verdienst von Trump. Nach Angaben der *Energy Information Administration* erreichten wir den 1. Platz bei Öl schon 2013, also vier Jahre vor dem Amtsantritt von Trump. Bei Gas erfolgte das sogar bereits 2009.

Nach Trump ist die aktuelle Arbeitslosigkeit auf dem niedrigsten Stand seit einem halben Jahrhundert. Die *New York Times: „This is true.“* Sie beträgt 3,5 Prozent. – Damit hat er ein Argument, das im Wahlkampf sicherlich von sehr großer Bedeutung sein wird.

Ausgearbeitet wurde das umfangreiche kritische Papier der *New York Times* zur Rede Trumps von einem Team aus Spezialisten für Wirtschaft, nationale Sicherheit, Gesundheit und andere Gebiete. Das Urteil über die von ihm angeführten einzelnen Punkte fällt unterschiedlich aus. Es reicht von „richtig“ über „teils richtig“, „teils falsch“, „muss in größere Zusammenhänge eingeordnet werden“ und „übertrieben“ bis zu „eindeutig falsch“.[8] Die Prüfung der in der *State of the Union Address 2020* verwendeten Fakten bestätigt aber auf jeden Fall die zu der Zeit gute bis sehr gute wirtschaftliche Lage der USA.

Wie *ZEIT-ONLINE* in einem Beitrag „Große Fernsehmomente“[9] schreibt, war auch das Nichtgesagte in seiner Rede wichtig: „Sein Auftritt folgte eher einer journalistischen Maxime, die im Englischen *show don't tell* lautet, d.h. zeigen statt erklären.“ Zwei Szenen sollten die Senatorinnen und Senatoren sowie die Nation besonders beeindrucken. Im amerikanischen Sprachgebrauch nennt man das *made for TV-moments*. Dazu zählt nach Meinung von *ZEIT-ONLINE* der Auftritt von Melania Trump, seiner Ehefrau. Sie überreicht dem auf der Empore neben ihr sitzenden ultrakonservativen Radio-Moderator Rush Limbaugh den höchsten amerikanischen Orden, die *Presidential Medal of*

Freedom. Ein weiterer wohl noch spektakulärer Reality-Fernseh-Moment besteht in Folgendem: Er begrüßt eine mit ihren zwei Kindern auf der Empore sitzende Frau. Ihr Mann, *Sergeant First Class* Townsend Williams befindet sich, wie sie angibt, zu seinem vierten Einsatz in Afghanistan. Trump unterbricht seine Rede und verkündet: „Wir konnten ihn nicht länger warten lassen." Der Kommentar von *ZEIT-ONLINE*: „Geradewegs aus der Kulisse erschien der Mann daraufhin oben auf der Treppe der Empore, um hinunterzulaufen zu seiner Frau und den Kindern." Die Republikaner beider Häuser des Kongresses quittierten diese Szene mit mehrfachen U-S-A-Rufen, wie sie üblicherweise bei Sportveranstaltungen zu hören sind. Im Verlauf der Rede bietet Trump eine weitere Überraschung: Dem von ihm eingeladenen „selbsternannten venezolanischen Interimspräsidenten Juan Guaidó," sagt er „seine weitere Unterstützung" zu. Ferner erklärt er, dafür sorgen zu wollen, dass die „Tyrannei von Venezuelas sozialistischem Präsidenten Nicolás Maduro ... zerschlagen und gebrochen" werde.[10] Es war eine der wenigen Szenen, bei denen Republikaner und Demokraten vereint applaudierten.

Zwei weitere Szenen sind bemerkenswert. Bei der Begrüßung Trumps durch Nancy Pelosi, die die Sitzung leitet, nimmt Trump deren zaghaft ausgestreckte Hand nicht zur Kenntnis. Er überreicht ihr nur, wie üblich, eine Kopie der Rede. Pelosi revanchiert sich am Ende, indem sie das Redemanuskripts vor laufenden Kameras Seite für Seite zerreißt. Auf spätere Fragen von Journalisten erklärt sie, das sei noch ihre höflichste Variante gewesen. Der Kommentar von *ZEIT-ONLINE*: „Man mochte sich kaum vorstellen, welche Alternativen Pelosi da vorschwebten, verbaler oder nonverbaler Art."[11] In Anspielung auf den Auftritt von Nikita Chruschtschow in einer Vollversammlung der Vereinten Nationen meint die *Neue Osnabrücker Zeitung*, sie hätte ihm auch einen Schuh an den Kopf werfen können.[12]

Die Medien in den USA und weltweit berichten ausführlich über die Rede Trumps. Den allgemeinen Tenor bringt die *Frankfurter Allgemeine Zeitung* (FAZ) im Titel eines Beitrags mit zwei Wörtern zum Ausdruck: *„Viel Eigenlob"*.[13] In der *ARD-Tagesschau* ist die Rede vom „Loblied auf die Erfolge seiner Amtszeit".[14] Ähnlich die Zeitschrift *Focus*: „Mehr als eine Stunde lang" sang er „ein Loblied auf seine politischen Errungenschaften. ... Mehr Wahlkampf hätte Präsident Trump mit seiner Rede zur Lage der Nation nicht umsetzen können, ohne die Grenze des Schicklichen dieses Anlasses zu überschreiten. ... Trumps Rede war handwerklich präzise auf seine Wählerschaft fokussiert."[15] Die *Berliner Zeitung* konstatiert: Trump „fühlt sich bei der dritten *State-of-the-Union*-Rede obenauf."[16] Die *Berliner Morgenpost* stellt lakonisch fest: „Donald Trump hat bei seiner Rede viel Positives berichtet – über sich selbst."[17] Die *Neue Zürcher Zeitung* amüsiert sich: „In seiner Rede im US-Kongress klopft Trump sich nach drei Jahren im Amt selbst auf die Schulter."[18] – Der oben schon zitierte *Focus* macht auf ein ganz anderes Problem aufmerksam: „Trumps Ansprache ist zugleich ein Affront gegen Europa. ... Europa erwähnt er mit keinem Wort."[19] Mit einer Ausnahme: Er wiederholt die Forderung an die europäischen NATO-Staaten, ihre Beiträge für die Rüstung zu erhöhen.

Quellen

1 Der offizielle Text kann unter https://www.whitehouse.gov/briefings-statements/remarks-president-trump abgerufen werden.

2 Alle folgenden Zitate aus der Rede Trumps sind aus diesen Quellen.

3 https://www.tagesschau/ausland/trump-rede-zur-lage-der-nation-101.html, 05.02.2020, 05:41 Uhr, Trump beschwört „amerikanisches Comeback".

4 *Berliner Zeitung*, 06.02.2020, Zerrissen. Donald Trump inszeniert sich bei der Rede zur Lage der Nation als Retter. Senat schmettert Impeachment ab.

5 Wie Anmerkung 3.

6 https://www.nytimes.com/live/2020/fact-check-state-of-the-union, 05.02.2020.

7 https://www.zdf.de/nachrichten/politik/trump-state-of-the-union-2020, 05.02.2020, 17:08 Uhr.

8 Wie Anmerkung 3.

9 https://www.zeit.de/kultur/2020-02/donald-trump-state-of-the-union, State oft he Union. Zerrissen.

10 Wie Anmerkung 3.

11 Wie Anmerkung 9.

12 Neue Osnabrücker Zeitung, 06.02.2020, nach: *Deutschlandfunk*, Presseschau, 06.02.2020, 8:50–09:00Uhr.

13 https://www.faz.net/aktuell/politik/trumps-praesidentschaft/state-of-the-union-address.

14 Wie Anmerkung 2.

15 https://www.focus.de/politik/experten/jaeger/gastbeitrag-von-thomas-jaeger, Rede zur Lage der Nation: Trumps Ansprache ist zugleich ein Affront gegen Europa, 05.02.2020, 09:13 Uhr.

16 Wie Anmerkung 3.

17 https://www.morgenpost.de/politik/article2283384657us-demoktratische-partei, US-Präsident Trump zur „Lage der Nation": Pelosi zerreißt seine Rede, 05.02.2020, 11:14 Uhr, Dirk Hautkapp.

18 https://www.nzz.ch/international/trump-ruehmt-in-rede-zur-lage-der-nation-seine-eigene-politik/nzz, Trump rühmt in Rede zur Lage der Nation seine eigene Politik.

19 Wie Anmerkung 15.

5. Probelauf in Ohio und Vorentscheid am Super-Tuesday

3. Februar–3. März 2020

David A. Yepsen, der im öffentlichen Fernsehen von Iowa die wöchentliche Sendung *Iowa Press* moderiert, erläutert in einem Interview mit der *Berliner Zeitung* am Vortag der Wahl in Iowa, dass dieser vorwiegend weiße Bundesstaat zweimal, 2008 und 2012, Barack Obama wählte. 2016 aber gewann Trump. Gegenwärtig herrscht bei den Demokraten große Verunsicherung in der Frage, welcher der Präsidentschaftskandidaten Trump schlagen könnte. Yepsen meint, dass Biden und Buttigieg das Bewerberfeld anführen werden, es aber keinen eindeutigen Spitzenreiter gibt. Sanders als einem bekennenden Sozialisten räumt er weniger Chancen ein. Sozialist: „Das ist ein Beiwort, das abstößt.“[1] Damit soll Yepsen zwar nicht für Iowa, aber für den weiteren Verlauf der Vorwahlen, Recht behalten. Sein Urteil über Buttigieg erweist sich als falsch, das über Biden als richtig. (Siehe Tabelle auf der nächsten Seite.)

In Iowa gewinnt überraschend Buttigieg mit 26,2% knapp vor Sanders mit 26,1%. Warren kommt mit 18% auf Platz 3. Der bisherige Favorit Biden liegt mit 15% abgeschlagen auf Platz 4, vor Klobuchar mit 12,3%.

Letztlich ist es aber nicht dieses Ergebnis, was in den USA und weltweit Schlagzeilen macht: Es ist eine mehr als peinliche Panne, ein Desaster bei der Auszählung der Stimmen. Eine vor-

Übersicht[2]

Vorwahlen in Iowa, New Hampshire, Nevada und South Carolina

(Die Zahl hinter dem Namen des Bundesstaates gibt die Gesamtzahl der Delegierten an, die zum Nominierungsparteitag geschickt werden. Die Zahlen hinter dem Namen der Person geben die Anzahl der Delegierten an, die der jeweilige Kandidat/die Kandidatin zum Nominierungsparteitag schickt und den Prozentsatz bei der Vorwahl. Die hier nicht genannten Kandidatinnen/Kandidaten haben nicht die in den meisten Bundesstaaten erforderliche Zahl von 15 Prozent erreicht, um einen Delegierten schicken zu können)

03.02. Iowa (41):
Buttigieg (14 = 26,2 %),
Sanders (12 = 26,1 %),
Warren (8 = 18%),
Biden (6 =15%),
Klobuchar (1 = 12,3%)

11.02. New Hampshire (24):
Sanders (9 =25,7%),
Buttigieg (9 =24,4%),
Klobuchar (6 = 19,8%)
(Warren kann mit 9,2% keinen Delegierten entsenden)

22.02. Nevada (36)
Sanders (24 = 26,8%),
Biden (9 = 20,2%),
Buttigieg (3 = 14,3%)

29.02. South Carolina (54):
Biden (39 = 48,4%),
Sanders (15 = 19,9%)

her dafür entwickelte App sorgt für ein totales Durcheinander. Erst knapp 24 Stunden nach Schließung der Wahllokale gibt es einigermaßen zuverlässige, aber immer noch nicht endgültige Zahlen über das Ergebnis. Laut *Washington Post* hatten Lokalpolitiker der Demokraten von Iowa vorher schon vor möglichen Problemen mit der App gewarnt und um Hilfe gebeten. Diese blieb aber aus.[3]

Die *New York Times* titelt zwei Beiträge: „*The App That Broke The Iowa Caucus*", (Die App, die die Vorwahl (Caucus) in Iowa durcheinanderbrachte), und „*A Systemwide Desaster*".[4] Die Demokraten von Iowa, die die Vorwahl organisiert hatten, sind bis auf die Knochen blamiert. Die Nation lacht. Trump und sein Hofstaat triumphieren: *Die* wollen das Land regieren! Die Panne wird zum Thema vieler Medien weltweit. Die liberale slowakische Tageszeitung *Sme* schreibt: „Die Unfähigkeit, nach einer vernünftigen Zeit das zuverlässige Ergebnis der Wahlen herauszubekommen, ist vielleicht noch in Äquatorialafrika verständlich, aber doch nicht im Bundesstaat Iowa." In der spanischen Zeitung *El Mundo* heißt es, die Vorwahlen „hätten für die Demokraten nicht schlechter beginnen können". Sie „machen es Trump derzeit sehr einfach. Dieser wird nach den Umfragen ohne Probleme die Wiederwahl schaffen." Ähnlich äußert sich *Der Standard* in Wien: Trumps Herausforderer „haben sich vor aller Augen bis auf die Knochen blamiert, sie bleiben gespalten und reiben sich ... eher aneinander als an ihm."[5] Der *Merkur* kommentiert: „Die Demokraten erleiden einen herben Flop – von ‚unglaublichem Versagen' und ‚Zusammenbruch' ist die Rede."[6]

Der Spiegel geht ausführlich auf die Wahl ein: „Nach fast 24 Stunden veröffentlichten die gedemütigten Demokraten die ersten Ergebnisse. Demnach gibt es zwei Sieger – und jede Menge Verlierer. … Der Jüngste – Buttigieg – und der Älteste – Sanders – liegen vorn." Die Rangfolge könne sich noch ändern. Der Trend scheine aber klar zu sein. Wie *Der Spiegel* meint, macht das Ergebnis einmal mehr die Spaltung der Demokraten deutlich. Die einen wollen einen progressiven Kandidaten, die anderen eher einen der Mitte. Für den bisherigen Favoriten Biden bleibt nur „ein verheerender vierter Platz", ein „denkbar schlechter Start in das Rennen." Über seine Agenda heißt es: „ein Mix aus staatsmännischen Parolen und gemäßigten Inhalten, blieb schwammig, eher Gefühl als Programm. Zudem wirkte der 77-Jährige bei seinem Auftritt fahrig." Schon jetzt gehe Biden das Geld aus. Die Spenden dürften nun noch schleppender kommen.[7] – Wie sich bald, spätestens am *Super Tuesday*, herausstellt, hatte sich *Der Spiegel*, wie viele andere auch, mit seinem Urteil und seiner Prognose gründlich getäuscht. Biden übernimmt die Führung.

Bei der Vorwahl in Iowa tritt Trump ohne einen ernstzunehmenden Konkurrenten seiner Partei an und gewinnt mit sagenhaften, an die Sowjetunion erinnernden 97 Prozent der Stimmen. Er twittert: „Großer SIEG für uns in Iowa heute Nacht."[8] Auch bei weiteren Vorwahlen, die nur in einigen Bundesstaaten stattfinden, gibt es ähnliche Ergebnisse.

Während ein eisiger Wind über das flache Land um Des Moines, die Hauptstadt von Iowa, weht, reisen die meisten Präsidentschaftskandidaten, ohne das Wahlergebnis zu kennen, noch in der Nacht weiter nach New Hampshire. Dort wird acht Tage später der nächste Test stattfinden. Die Zeit, um Wahlkampf zu treiben, ist kurz.[9]

Bei der Vorwahl in **New Hampshire** geht Buttigieg als Favorit ins Rennen. Er ist jetzt der Hoffnungsträger der Moderaten und gilt als „Wunderjunge aus Indiana“, als „Mann der Stunde“ und Vertreter der jungen Generation, die für einen Neuanfang steht. Man vergleicht ihn mit John F. Kennedy und Barack Obama. Aber auch Sanders hat in New Hampshire große Chancen. Bei den Vorwahlen 2016 schlug er hier Hillary Clinton mit großem Vorsprung. Sein Anspruch, das Land grundlegend zu verändern, findet viel Unterstützung.

Und dann noch in der Nacht das Ergebnis: *In New Hampshire werden die ersten beiden Plätze gewechselt: Sanders liegt mit 25,7% vor Buttigieg mit 24,4%. Klobuchar folgt auf Platz 3 mit 19,8%. Biden ist immer noch weit abgeschlagen.*

In **Nevada** mit der Casino-Metropole Las Vegas behauptet Sanders mit stolzen 46,8% seinen ersten Platz. Der politisch schon fast totgesagte Biden kommt ins Rennen zurück und erreicht mit 20,2% Platz 2, allerdings weit hinter Sanders. Buttigieg ist jetzt mit 14,3% auf Platz 3.

In **South Carolina** schließlich erreicht Biden mit 48,4% erstmals den Platz 1 und liegt weit vor Sanders, der mit 19,9% auf Platz 2 folgt. Damit beginnt der Siegeszug Bidens.

*

Am 3. März, am *Super Tuesday, finden Vorwahlen in 14 der 50 Bundesstaaten statt*. Dazu gehören die zwei mit der größten Bevölkerungszahl: Kalifornien und Texas. Damit fällt an diesem Tag oft schon eine Vorentscheidung. Hier die Ergebnisse:

Übersicht[10]

(Die Zahl hinter dem Namen des Bundesstaates gibt die Gesamtzahl der Delegierten an, die zum Nominierungsparteitag geschickt werden. Die Zahlen hinter dem Namen der Person geben die Anzahl der Delegierten an, die der jeweilige Kandidat/die Kandidatin zum Nominierungsparteitag schickt und den Prozentsatz bei der Vorwahl. Die hier nicht genannten Kandidatinnen/Kandidaten haben die erforderliche Zahl von 15 Prozent nicht erreicht, um einen Delegierten schicken zu können, eine Regel, die jedoch nicht für alle Bundesstaaten gilt.)

Alabama (52)

Biden	44	= 63,0 %,
Sanders	8	= 16,5 %

Arkansas (31)

Biden	17	= 40,5 %,
Sanders	9	= 22,4 %,
Bloomberg	5	= 16,7 %

Colorado (67)

Sanders	25	=36,8 %,
Biden	18	= 24,7 %,
Bloomberg	9	= 18,7 %,
Warren	8	= 17,6 %

Kalifornien (415)

Sanders	221	= 34,0 %,
Biden	172	= 27,2 %,
Warren	12	= 13,3 %,
Bloomberg	9	= 13,0 %

Maine (24)

Biden	11	= 34,1 %,
Sanders	9	= 32,9 %,
Warren	4	= 15,7%

Massachusetts (91)

Biden	37	= 33,6 %,
Sanders	29	= 26,7 %,
Warren	25	= 21,4 %

Minnesota (75)

Biden	38	= 38,6 %,
Sanders	27	= 29,9 %,
Warren	10	= 15,4 %

North Carolina (110)

Biden	68	= 43,0 %,
Sanders	37	= 24,1 %,
Bloomberg	3	= 4,7 %

Oklahoma (37)

Biden	21	= 38,7 %,
Sanders	13	= 25,4 %,
Bloomberg	2	= 13,9 %,
Warren	1	= 13,4 %

Tennessee (64)

Biden	3	= 4,2 %,
Sanders	20	= 25,0 %,
Bloomberg	10	= 15,5 %,
Warren	1	= 1,4 %

Texas (228)

Biden	111	= 34,5 %,
Sanders	102	= 30,0 %,
Bloomberg	10	= 14,4 %,
Warren	5	= 11,4 %

Utah (29)

Sanders	16	= 35,3 %,
Biden	7	= 18,5 %,
Warren	3	= 16,3 %,
Bloomberg	3	= 15,8 %

Vermont (16)

Sanders	13	= 50,8 %,
Biden	5	= 22,0 %

Virginia (99)

Biden	66	= 53,2 %,
Sanders	31	= 23,1 %,
Warren	2	= 10,7 %

Dazu kommen

Das Außengebiet Amerikanisch-Samoa (13)
und die Wählerinnen und Wähler der Demokraten im Ausland

Das Gesamtergebnis am Super Tuesday

Biden (630)
Sanders (540)
Warren (64)
Bloomberg (52)

Der schon totgesagte Joe Biden ist mit 630 Delegierten der eindeutige Favorit. Ihm folgen Sanders mit 540 und, weit abgeschlagen, Elizabeth Warren mit 64 Delegierten auf den Plätzen 2 und 3. Die anderen Bewerber, außer Bloomberg, haben schon aufgegeben oder geben jetzt auf. Vor allem der Verzicht der Moderaten Buttigieg und Klobuchar stärkt Biden. Er hat jetzt die Unterstützung ihrer Wählerinnen und Wähler. Die weiteren Vorwahlen werden zum Duell Biden – Sanders.

Associated Press wertet, wie die *New York Times* berichtet, den Sieg von Sanders in Kalifornien als *„biggest delegate prize of the night"*, während seine Rivalin Warren nicht einmal ihren Heimatstaat Massachusetts gewinnen konnte.[11] Ein anderer Beitrag der *New York Times* informiert, dass die Wahl in Los Angeles zum Teil ziemlich chaotisch verlief. Zwei Stunden nach der eigentlichen Schließung der Wahllokale mussten noch hunderte von Wählern darauf warten, ihre Stimme abgeben zu können.[12] Ähnliches passierte in Texas. Hier konnten wegen schlechter Organisation viele erst fünf Stunden nach dem vorgesehenen Ende wählen.[13]

Der Spiegel fragt: Joe Biden ist der neue Favorit. „Ist das schon die Vorentscheidung?“[14] Seine Rückkehr in das Bewerberfeld gilt vielen als „das politische Comeback des Jahres.“ Die *Welt* spricht von Bidens „unglaublicher Aufholjagd.“[15] Hervorgehoben wird, dass er in den Bundesstaaten vom nördlichen Mittleren Westen bis in den tiefen Süden gewann und dass vor allem Schwarze, Frauen, Ältere und Hochschulabsolventen für ihn stimmten. Die *Frankfurter Allgemeine Zeitung* schließlich spricht im Hinblick auf Biden von „einer politischen Auferstehungsgeschichte, die ihresgleichen sucht.“[16] *Der Standard* aus Wien mahnt zu Nüchternheit: „Je länger die innerparteiliche Zerfleischung der Demokraten dauert, desto größer wird die Wahrscheinlichkeit, dass auch der nächste US-Präsident Trump heißt.“[17]

Für viele Medien ist das hohe Alter der führenden Kandidaten ein Thema. In der *ARD-Tagesschau* heißt es mit dem Blick auf Biden, Sanders und Trump: „Zwei weiße Männer, die auf die 80 zugehen und zudem gut betucht sind, wollen einen etwas jüngeren weißen Mann absetzen“, der ebenfalls sehr reich ist. Und das in einem Land, „in dem es mehr Frauen als Männer gibt und in dem es bald mehr Latinos, Menschen asiatischer Abstammung und Afroamerikaner als Weiße geben wird.“[18] Noch stärker wird Arno Widmann in der *Berliner Zeitung: „Alte weiße Männer treten an, um einen alten weißen Mann vom Thron zu stoßen. Keiner ist unter 70. … Deutlicher kann eine politische Klasse nicht zeigen, dass sie nicht an ihre Zukunft glaubt.“* Das sagt „alles über das erschütternde Ausmaß an Resignation und Verzagtheit, in dem sich die Trump-Opposition durchs Leben quält. In diesen Abgrund haben sich die Demokraten mit vollem Bewusstsein selbst manövriert." Wen sie auch wählen werden: „Es wird der falsche sein." Selbst wenn sich Biden, Sanders, Warren und Bloomberg zusammentäten, „wären sie die falschen." Die USA und wir alle *„brauchen Menschen, die mehr Zukunft vor als Vergangenheit hinter sich haben."*[19]

Quellen

1 *Berliner Zeitung,* US-Vorwahlen, (Ein Gespräch mit David A. Yepsen, Iowa), 03.02.2020.

2 https://www.phoenix.de/us-vorwahlen-a-1505515 Phönix, US-Vorwahlen. Alle Termine im Überblick, 16.02.2020. Ferner: https://www.sueddeutsche.de/politik/usa-vorwahl-ergebnisse-1.4750553, *Süddeutsche Zeitung*, US-Vorwahlen 2020. Alle Termine und Ergebnisse im Überblick, 19.03.2020, 15:54 Uhr;https://www.google:/search?q=vorwahlen+der+demokratischen+partei+in+de n+vereinigten+staaten+2020, Ergebnisse der Vorwahlen in den Vereinigten Staaten 2020.

3 https://www.bild.de/politik/ausland/politik-ausland/us-vorwahlen, *Bild*, Demokraten blamieren sich bei Vorwahlen in Iowa. Peinliche Zählpanne bei Trump-Gegner.

4 https://www.nytimes.com/2020/02/04/opinion/iowa-caucus-app, und: https://nytimes.com/2020/02/04/us/politics/what-happened-iowa.

5 *Berliner Zeitung*, Auslese: Donald Trump hat einmal recht, 06.02.2020.

6 https://www.merkur.de/politik/iowa-vorwahl-usa-praesident-donald-trump, US-Vorwahl: „Unglaubliches Versagen" bei Demokraten – Trumps Kontrahenten beginnen mit Schuldzuweisungen, von Florian Naumann.

7 https://www.spiegel.de/politik/ausland/us-vorwahlen-in-iowa-pete-buttigieg-bernie-sanders, Erste US-Vorwahlergebnisse in Iowa. Zwei Sieger – viele Verlierer, von Roland Nelles und Marc Pitzke, 05.02.2020, 09:53 Uhr.

8 https://www.sueddeutsche.de/politik/vorwahlen-iowa-1.478387, Süddeutsche Zeitung, US-Vorwahlen in Iowa. Wahlchaos bei den Demokraten, 04.02.2020, 07:36 Uhr.

9 Wie Anmerkung 7.

10 Wie Anmerkung 2.

11 https://www.nytimes.com/live/2020/super-tuesday,03-03-2020, *The New York Times*, Super Tuesday Live Updates: Polls Closed and Winners are Called, von Tod Heisler, 04.03.2020.

12 https://www.nytimes.com/live/2020/super-tuesday-04-03-2020, „I have a lot of regrets": Voters in Los Angeles endure hourslong waits , by Louis Keene.

13 Ebenda.

14 https://www.spiegel.de/politik/ausland/super-tuesday-siegesserie-fuer-joe-biden, *Der Spiegel*, Siegesserie am „Super Tuesday". Biden boomt, von Roland Nelles und Marc Pitzke, 04.03.2020, 09:45 Uhr.

15 https://www.welt.de/politik/ausland/article206304281, Super Tuesday: Joe Bidens Aufholjagd. Bidens unglaubliche Aufholjagd – Alle Staaten und Sieger auf einen Blick, Stand: 04.03.2020.

16 https://www.faz.net/aktuell/politik/trumps-praesidentschaft/demokraten, Superwahltag in Amerika. Das „JoMentum" ist schwer zu stoppen, von Simon Riesche, 04.03.2020.

17 https://de.nachrichten.yahoo.com/kommentar-standard-super-tuesday, Kommentar: „*Der Standard*": Super Tuesday, 04.03.2020.

18 https://www.tagesschau.de/ausland/super-tuesday-119.htr, ARD, Tagesschau, „Super Tuesday". Sechs Erkenntnisse der Wahlnacht, 04.03.2020, 12:43 Uhr.

19 *Berlinern Zeitung*, US-Vorwahlen. Demokraten am Ende, von Arno Widmann, 05.03.2020. (Hervorhebung von mir – K. D.)

6. Vom Super Tuesday bis zur Vorwahl in Wisconsin

Der Schock der Corona-Pandemie – 3. März–7. April

Mit einem Schlag ist nichts mehr so, wie es bis dahin war. Wahlkampf und Impeachment, große und kleine Probleme, diverse Konflikte, Meinungsstreit und Parteiengezänk rücken in den Hintergrund. Ein Virus, unbekannt, unsichtbar und unberechenbar, erschüttert ein Land mit 330 Millionen Menschen bis in seine Grundfesten.

Die folgende Tabelle zeigt den Verlauf der Corona-Pandemie in den USA von Ende Januar bis zum 31. März 2020. Am 21. Januar gibt es die erste bestätigte Infizierung. Es handelt sich um einen US-Bürger, der aus Wuhan, einer Stadt in China, in der die Pandemie begann, zurückgekehrt ist. Bis zum Ende des Monats breitet sich das Virus kaum aus. Am 31. Januar gibt es gerade einmal 6 Fälle. Auch im Februar steigt die Gesamtzahl der bestätigten Infizierten nur um rund 50 auf 62. Am 29. Februar gibt es dann aber den ersten Toten im Zusammenhang mit dem Virus. Anfang März hält sich die Steigerungsrate der Infektionen noch in Grenzen. Die Erhöhung von Tag zu Tag liegt zwischen 0 (vom 1. zum 2. und vom 7. und 8. zum 9. März) und 65 (vom 6. zum 7. März). Vom 9. zum 10. März gibt es dann die erste deutliche Erhöhung. Die Zahl steigt von 213 auf 472, vom 15. zum 16. von 1.678 auf 3.774, um mehr als 2.000. Vom 27. zum

28. März gibt es eine Erhöhung von 97.028 auf 112.468, also um mehr als 15.000. Am 31. März liegt die Zahl bei 164.610, eine Steigerung zum Vortag um mehr als 21.000. An den sieben Tagen vom 1. bis zum 7. April, an dem die Vorwahl in Wisconsin stattfindet, erhöht sich die Zahl von 190.089 auf 368.449. – Bei vielen Zahlen gibt es wahrscheinlich eine nicht geringe Dunkelziffer Sie dürften also zum Teil beträchtlich höher sein.

Ähnlich ist der Anstieg der Zahl derer, die mit oder im Zusammenhang mit dem Corona-Virus sterben. Sie steigt von 2 am 1. März auf 3.170 am 31. März. Vom 1. zum 7. April gibt es eine Erhöhung von 4.081 auf 10.993 von fast 7.000.

Trump nimmt die Corona-Krise zunächst überhaupt nicht ernst und wiegelt ab. Nachdem eine erste Infizierung mit dem Virus in den USA festgestellt worden war, erklärt er am 22. Januar 2020 in einem Fernsehinterview: „Wir haben es vollkommen unter Kontrolle. Es geht um eine Person, die aus China gekommen ist. ... Alles wird gut sein." Am 10. Februar meint er: „Es sieht so aus, als müsste es im April vorbei sein. Wenn es wärmer wird, verschwindet es auf wundersame Weise." Zwei Wochen später, am 25. Februar, prahlt er bei seinem Besuch in Indien: „Wir stehen kurz davor, einen Impfstoff zu haben." Einen Tag später weiß er: „Was auch immer passiert, wir sind auf alles vorbereitet" und: „Es ist eine Grippe, wie eine Grippe." Beim Besuch der Seuchenschutzbehörde *CDC* erklärt er am 6. März, zu einem Zeitpunkt, als es noch wenige Corona-Tests gib: „Jeder, der einen Test will, bekommt einen Test ... und die Tests sind perfekt." Auf einer Pressekonferenz am 23. März begründet er, warum er Ausgangs-

Virus-Pandemie in den US Infizierte und Todesfälle vom 21. Januar bis zum 31. März 2020 (Gesamtzahl)[1]

Januar	Infizierte:	Tote:
21.	1	
22.	1	
24.	1	
26.	2	
28.	5	
29.	5	
31.	6	
Februar		
6.	12	
8.	12	
11.	13	
14.	15	
15.	15	
16.	15	
17.	15	
19.	15	
20.	15	
24.	35	
25	53	
27.	59	
29.	62	

März	Infizierte:	Tote:
1.	62	2
2.	62	6
3.	64	9
4.	108	10
5.	129	12
6.	148	18
7.	213	18
8.	213	18
9.	213	18
10.	472	19
11.	696	25
12.	987	29
13.	987	29
14.	1.678	41
15.	1.678	41
16.	3.774	69
17.	4.661	85
18.	6.496	114
19.	9.415	150
20.	14.250	205
21.	19.624	260
22.	26.746	340
23.	35.224	471
24.	46,450	593
25.	55,225	802
26.	69.197	1.050
27.	97.028	1.474
28.	112.468	1.711
29.	124.763	2.191
30.	143.025	2.513
31.	190.089	3.170

beschränkungen in einer Reihe von Bundesstaaten bald wieder aufgehoben sehen möchte. Einen Tag später wird er noch deutlicher: „Ich würde das Land gerne zu Ostern wieder öffnen. Wäre es nicht schön, wenn die Kirchen rappelvoll wären."[2]

Als Folge seiner Ignoranz und Arroganz geht viel Zeit für notwendige Maßnahmen verloren. Damit ist er in starkem Maße verantwortlich für die folgende katastrophale Entwicklung. Allerdings zeigt sich auch, dass das amerikanische Gesundheitssystem mit seiner Ausrichtung auf maximalen Profit den Anforderungen einer Pandemie kaum gewachsen ist. Negativ wirkt sich ferner aus, dass Millionen Amerikaner und Amerikanerinnen keine Krankenversicherung haben. Trump reagiert erst, als ihm klar wird, welche verheerenden Auswirkungen die Pandemie für die Wirtschaft haben kann. Der bisherige Boom mit den außerordentlich niedrigen Arbeitslosen-Zahlen ist, wie er weiß, eine ziemlich sichere Garantie für seine Wiederwahl im November. Ein Abschwung oder gar eine Rezession könnten diese ernsthaft gefährden. Also muss er sein weiteres Vorgehen unbedingt den neuen Verhältnissen anpassen. Von seiner Administration, vor allem aber von den Gouverneuren der Bundesstaaten, den *Counties* und Kommunen, werden jetzt, mit großer Verspätung, erforderliche Schutzmaßnahmen eingeleitet.

Das öffentliche Leben kommt weitgehend zum Erliegen. Ein beträchtlicher Teil der Bevölkerung unterliegt Ausgangsbeschränkungen. Viele Betriebe und Einrichtungen sind geschlossen, Veranstaltungen abgesagt. Es sind vor allem die steigenden Zahlen der Arbeitslosigkeit, die zum Problem werden. Von Mitte März bis Mitte April verlieren 22 Millionen ihren Arbeitsplatz. Das ist eine Quote von mehr als 10%, nach anderen Berechnungen sogar von fast 15%. Es ist die dramatischste Entwicklung auf dem Arbeitsmarkt seit vielen Jahrzehnten.

Die Zahlen der Infizierten und Toten, aber auch die der Arbeitslosen machen die sozialen Verwerfungen im Land einmal mehr deutlich. Es erkranken und sterben und es werden arbeitslos überdurchschnittlich viele sozial Schwache und Arme sowie Angehörige von Minderheiten (Afroamerikaner u.a.). Viele der Reichen dagegen fliehen in ihre Ferienwohnungen und Ferienhäuser oder mieten sich bei unerhört steigenden Preisen in Wohnungen weitab von den großen Städten ein. Andere gehen mit ihren Luxusjachten auf Kreuzfahrt in die Karibik.

Besonders gefährdet sind die City und der Großraum von New York. Die Trump-Administration und die Regierung des Bundesstaates in Albany versuchen, die Ausbreitung auf andere Landesteile möglichst gering zu halten. Alle, die die Stadt kurz vorher besucht haben, sollen für zwei Wochen in ihren Wohnungen in Quarantäne bleiben. Der Direktor des Nationalen Instituts für Allergien und Infektionskrankheiten *(NIAID)* Anthony Fauci befürchtet, dass einer von 1.000, die New York gerade verlassen haben, angesteckt sein könnte. Wie die Corona-Beauftragte des Weißen Hauses Deborah Birx erklärt, kommen bis zur zweiten Märzhälfte 56 Prozent der bestätigten Corona-Fälle aus dem Großraum New York. Das Virus breitet sich rasant aus. Allein in New York haben sich in kurzer Zeit 30.000 angesteckt, in New Orleans, wo ein Karnevalsumzug kurz vorher Massen von Menschen zusammengebracht hatte, sind es 1.000. Fabian Reinbold schreibt aus Washington: „Wir sind jetzt trauriger Spitzenreiter, das neue Epizentrum der globalen Pandemie. New York wird wohl das nächste Wuhan".[3]

Im Kongress einigen sich nach tagelangen Streitereien Demokraten und Republikaner mit der Regierung auf ein Hilfsprogramm von rund 2 Billionen Dollar (etwa 1,87 Billionen Euro), das die Auswirkungen der Corona-Krise abfedern soll. Der Leitindex *Dow Jones* legt daraufhin um 11,4 Prozent zu. Das ist der prozentual höchste Tagesgewinn seit dem Ende der Weltwirtschaftskrise 1933.[4] Das Hilfspaket sieht unter anderem vor: eine Einmalzahlung von 1.200 Dollar an alle erwachsenen Amerikanerinnen und Amerikaner mit Ausnahme derer, die ein sehr hohes Einkommen haben, sowie 500 Dollar für jedes Kind; eine Ausweitung des Arbeitslosengeldes sowie ein Programm von 367 Milliarden Dollar zur Unterstützung von Kleinunternehmen. Ferner sollen die Krankenhäuser finanzielle Unterstützung erhalten. Nach allgemeiner Einschätzung ist es das größte wirtschaftliche und soziale Hilfsprogramm in der gesamten Geschichte der USA. Es entbehrt nicht einer gewissen Pikanterie, dass es ausgerechnet von einem Donald Trump auf den Weg gebracht wird. Noch umstritten ist, inwieweit große Konzerne wie *Boeing* und die in Turbulenzen geratenen Fluggesellschaften mit subventionierten Krediten gestützt werden sollen.[5]

Trump kündigt an, dass seine Administration in 100 Tagen 100.000 der dringend benötigten Beatmungsgeräte beschaffen will. Viele Betriebe, zu deren Angebot diese Geräte nicht gehören, erklären, sie herstellen zu wollen. *General Motors* gehört dazu, verlangt aber dafür einen sehr hohen Preis als staatliche Unterstützung. Trump lehnt ab und beruft sich auf ein Gesetz, das 1950, am Beginn des Korea-Kriegs, beschlossen wurde, den *Defence Production Act*. Darauf gestützt, weist er den Konzern an, die Produktion von Atemgeräten ohne weitere Verhandlungen aufzunehmen. Man muss wohl anerkennen, dass das ein ungewöhnlicher Schritt ist in einem Land, in dem es Eingriffe des Staates in die Wirtschaft so wenig wie möglich geben soll. Ein besonderer Tabubruch ist es für einen Präsidenten der Republikanischen Partei mit ihrem Credo des Neoliberalismus. Außerdem erlässt Trump ein Dekret gegen Hamsterkäufe und Wucherpreise, das vor allem für Unternehmen gilt, weniger für Privatpersonen.

Für Europäer äußerst befremdlich sind Hamsterkäufe einer besonderen Art: Vor Waffengeschäften bilden sich lange Schlangen. Viele Amerikanerinnen und Amerikaner decken sich mit zusätzlichen Waffen und weiterer Munition ein, um in einer eventuellen chaotischen Situation gerüstet zu sein und sich verteidigen zu können, wenn es sein muss, auch gegen Nachbarn. Es war Trump, der mit der bedingungslosen Unterstützung der Waffen-Lobby diese Mentalität in seiner Regierungszeit nach Kräften gefördert hat.

Für große Verwirrung sorgt, dass er die Maßnahmen zur Eindämmung der Pandemie schon bald wieder lockern möchte. In seinem Haussender *Fox News* erklärt er: „Unser Land will zurück an die Arbeit.“ Durch eine „massive Rezession oder Depression“ könnten mehr sterben als durch die Corona-Pandemie.[6] Die Gouverneure einiger Bundesstaaten sind entsetzt und lehnen das eindeutig ab. So meint Larry Hogan, der Gouverneur von Maryland, dieser Plan sei wohl mit einer „erfundenen Uhr“ erarbeitet worden. Fabian Reinbold schreibt: „Trump kämpft um seine Zukunft. Er weiß, dass seine Wiederwahl jetzt von der Bewältigung der Corona-Krise und ihren Folgen abhängen wird.“ [7] Joe Biden äußert in einem von *CNN* aus seinem Wohnhaus in Maryland gesendeten Interview, Trump solle aufhören zu reden und den Rat der Experten ernst nehmen. Er sei zwar nicht für das Virus verantwortlich, aber sehr wohl dafür, dass viel zu spät gehandelt wurde.[8] Mit seinem Auftritt sorgt Biden allerdings ungewollt für viel Spott, da er bei der Aufzeichnung nicht in die Armbeuge, sondern in die Hand hustet. Ein kurzer Clip von dieser Szene wird zu einem Hit in den Medien. Trump witzelt, das sei also der beste Mann der Demokraten, und schickt das Video via Twitter an seine 75 Millionen Follower.[9]

Die *Frankfurter Allgemeine Zeitung* titelt am 24. März: „Plötzlich ist die Wirtschaft wichtiger.“ Weiter heißt es: „Düstere Wirtschaftsprognosen machen Donald Trump ungeduldig. Die Maßnahmen zur Bekämpfung des Coronavirus will der amerikanische Präsident deshalb schon bald wieder lockern.“ [10] Interessant ist, so die *FAZ*, dass Trump nicht mehr wie sonst von einem „Chinesischen Virus“ spricht, sondern nur noch allgemein von einem „Virus-Problem“. Angesichts von Berichten über Angriffe auf Amerikaner asiatischer Herkunft will er wohl deutlich machen, „dass man diese Community schützen müsse.“ [11] Über das Hin und Her in der Politik der Trump-Administration schreibt Fabian Reinbold, Washington, am 8. Mai: „Die vergangenen Monate lesen sich wie ein Protokoll der Ohnmacht Amerikas.[12]

*

Der Wahlkampf tritt immer mehr in den Hintergrund. Vom 10. März in Idaho, der ersten Vorwahl nach dem *Super Tuesday*, bis zum 7. April in Wisconsin, der vorläufig letzten, bevor nur noch Briefwahlen stattfinden, wird in 10 Bundesstaaten gewählt. Alle werden zum Duell zwischen Biden und Sanders. Immer liegt Biden auf Platz 1 und Sanders auf Platz 2. Nach der Niederlage in Wisconsin am 7. April tritt Sanders offiziell als letzter der Präsidentschaftskandidaten außer Biden zurück. Damit ist dieser der einzige Bewerber. Sanders will allerdings als eine Art von Zählkandidat an weiteren Vorwahlen teilnehmen. Er hofft, beim Nominierungsparteitag, der auf August verschoben wird, möglichst viele seiner Forderungen in die Wahlplattform einbringen zu können. Äußerungen von Biden und eine öffentliche Stellungnahme von Barack Obama deuten darauf hin, dass die Rechnung von Sanders aufgehen und die Demokratische Partei damit etwas nach links rücken könnte.

Vorwahlen vom 10. März bis zum 7. April

(Die Zahl hinter dem Namen des Bundesstaates gibt die Gesamtzahl der Delegierten an, die zum Nominierungsparteitag geschickt werden. Die Zahlen hinter dem Namen der Person geben die Anzahl der Delegierten an, die der jeweilige Kandidat/die Kandidatin zum Nominierungsparteitag schickt und den Prozentsatz bei der Vorwahl. Die hier nicht genannten Kandidatinnen/Kandidaten haben die erforderliche Zahl von 15 Prozent nicht erreicht, um einen Delegierten schicken zu können, eine Regel, die jedoch nicht für alle Bundesstaaten gilt.)

10.03. Idaho (20)

Biden	11	= 55,0 %
Sanders	9	= 45,0 %

Michigan (125)	
Biden 73	= 52,9 %
Sanders 52	= 36,4 %
Mississippi (36)	
Biden 34	= 81,1 %
Sanders 2	= 14,8 %
Missouri (68)	
Biden 44	= 60,1 %
Sanders 24	= 34,6 %
North Dakota	
Biden 8	= 53,3 %
Sanders 6	= 39,8 %
Washington (89)	
Biden 46	= 37,9 %
Sanders 43	= 36,5 %
17.03. Arizona (67)	
Biden 39	= 44,4 %
Sanders 28	= 32,9 %
Florida (219)	
Biden 162	= 62,0 %
Sanders 57	= 22,8 %
Illinois (155)	
Biden 94	= 59,0 %
Sanders 60	= 36,1 %
07.04.	
Wisconsin	
Biden 65	= 62,9 %
Sanders 19	= 31,8 %

Noch kann niemand sagen, wie sich die Coronakrise auf den derzeit zurückgefahrenen Wahlkampf und die Wahl am 3. November auswirken wird. Sollte Trump sich letztlich als miserabler

Krisenmanager erweisen, würde das die Chancen einer Wiederwahl deutlich verringern. Wenn er aber aus seinen Fehlern etwas lernen und wenn das große Hilfsprogramm und die folgenden Programme dazu beitragen sollten, die Wirtschaft in absehbarer Zeit wieder anzukurbeln und die Zahl der Arbeitslosen zu senken, würde das die Wahl zu seinen Gunsten beeinflussen. Er könnte sich als Corona-Bezwinger feiern lassen. Ende März durchgeführte Umfragen machen deutlich, dass seine Wähler, die überproportional auf dem Land leben, sich weniger Sorgen wegen der Coronakrise machen als jene der Demokraten, die mehr aus städtischen Räumen mit der größeren Gefahr einer Infizierung kommen.

Es dürfte klar sein: Der eigentliche Wahlkampf zwischen Donald Trump und dem Präsidentschaftskandidaten der Demokratischen Partei, aller Wahrscheinlichkeit nach Joe Biden, wird entscheidend vom weiteren Verlauf der Corona-Pandemie sowie der Entwicklung der Wirtschaft und damit der Arbeitslosigkeit bestimmt werden. Impeachment und Iran, Syrien, der Irak und der Islamische Staat, Einwanderung und Krankenversicherung spielen nur noch eine geringe oder gar keine Rolle mehr. Zurzeit sind Biden und andere Vertreter der Demokratischen Partei äußerst benachteiligt. Ihre Möglichkeiten, Wahlkampf zu treiben, sind stark eingeschränkt. Trump dagegen wirbt mit seinen täglichen Corona-*briefings* massiv für sich.

Quellen

1 Zahlen der *Johns Hopkins University*, zitiert nach: Statista, https://de.statista.com/statistik/daten/studie/1103602/umfrage/entwicklung-der-fallzahlen-des-coronavirus. (Später erfolgte geringfügige Korrekturen einzelner Zahlen werden nicht berücksichtigt)

2 https://www.faz.net/aktuell/politik/trumps-praesidentschaft/usa-zehn-wochen-corona-in-den-worten-von-trump, *Frankfurter Allgemeine Zeitung*, 02.04.2020, Vielleicht bin ich ein Naturtalent, von Andreas Ross und Majid Sattar.

3 fabian-reinbold@getrevue.com. Eine Mixtur von Corona-Pandemie, Wahlkampf, Post aus Washington, Wie kann er nur? 27.03.2020.

4 https://www.welt.de/politik/ausland/article206781795coronavirus, *Die Welt*, Coronavirus in USA. Trumps Plan macht die Gouverneure fassungslos. Und die Fallzahlen steigen rasant.

5 Zum Hilfspaket siehe u.a.: https://www.tagesschau.de/ausland/usa-hilfspaket-coronakrise-101.html, Coronakrise in den USA. Hilfspaket steht – Verwunderung über Trump, 25.03.2020, 08:29 Uhr.

6 Ebenda.

7 Wie Anmerkung 1.

8 Wie Anmerkung 3.

9 https://www.spiegel.de/politik/ausland/corona-krise-donald-trump-patzt, *Der Spiegel*, Coronavirus-Krise. Donald Trump patzt, Joe Biden aber auch, von Roland Nelles, Washington, 26.03.2020, 09:42 Uhr.

10 https://www.faz.nct/aktuell/politik/trumps-praesidentschaft/corona- krise, *Frankfurter Allgemeine Zeitung*, Coronakrise in Amerika. Plötzlich ist die Wirtschaft wichtiger, von Majid Sattar, Washington, 24.03.2020, 22:02 Uhr.

11 Ebenda.

12 newsletter@fabianreinbold.de, Post aus Washington: Der taumelnde Riese.

7. Protestbewegung gegen Rassismus und Polizeiwillkür in der Zeit von Pandemie, Wahlkampf und Einbruch der Wirtschaft.

April und Mai 2020

An einem Tag, vom 31. März zum 1. April, steigt die Zahl der Infizierten von 164.610 auf 190.089, das heißt um mehr als 25.000, die Zahl der Toten von 3.170 auf 4.081, also um knapp 1.000. Am 11. April wird bei den Infektionen die Grenze von einer halben Million überschritten. Die Zahl der Toten liegt bei knapp 20.000. In 11 Tagen bedeutet das einen Anstieg von mehr als 300.000 Infizierten und rund 15.000 Toten. Am 28. April, also 17 Tage später, wird bei den Infektionen die Eine-Million-Grenze überschritten. Die Zahl der Toten erhöht sich auf 57.266. Die Steigerung der Erkrankungszahlen in diesen 17 Tagen liegt bei rund einer halben Million. Die Zahl der Verstorbenen aber ist rasant gestiegen. An den ersten 11 Tagen des Aprils waren es rund 15.000, an den folgenden 17 Tagen 63.856! *Erschreckend sind die Zahlen für den ganzen Monat April.* Im Mai ist dann ein deutlicher Rückgang zu verzeichnen. Die Zahl der neu Infizierten und Toten bleibt aber immer noch auf hohem Niveau.

	Neu Infizierte	Tote
01.–30.04.	rd. 900.000	rd. 60.000
01.–31.05.	rd. 670.000	rd. 40.000

Virus-Pandemie in den USA
Infizierte und Todesfälle (registriert) vom 1. April bis zum 31. Mai (Gesamtzahl)

April		
1.	190.089	4.081
2.	226.347	5.316
3.	245.573	6.058
4.	278.458	7.159
5.	312.245	8.503
6.	347.003	10.335
7.	368.449	10.993
8.	399.929	12.911
9.	432.438	14.808
10.	486.490	18.002
11.	506.188	19.882
12.	530.006	20.608
13.	557.663	22.116
14.	582.594	23.649
15.	609.696	26.059
16.	639.664	30.985
17.	671.425	33.286
18.	711.197	37.309
19.	735.287	39.090
20.	759.786	40.603
21.	787.960	42.364
22.	834.858	45.894
23.	842.624	46.785
24.	880.112	50.114
25.	924.576	52.782
26.	943.865	54.024
27.	979.077	55.563
28.	1.002.498	57.266
29.	1.012.583	58.355
30.	1.095.023	63.856

Mai		
1.	1.131.030	65.753
2.	1.132.038	65.783
3.	1.133.069	66.385
4.	1.166.083	67.532
5.	1.180.634	68.934
6.	1.204.475	71.078
7.	1.228.609	73.431
8.	1.256.972	75.670
9.	1.283.929	77.180
10.	1.309.698	78.799
11.	1.332.609	79.607
12.	1.347.936	80.684
13.	1.370.016	82.389
14.	1.400.500	84.985
15.	1.417.889	85.906
16.	1.444.370	87.595
17.	1.468.577	88.761
18.	1.468.968	89.564
19.	1.508.957	90.369
20.	1.528.661	91.938
21.	1.564.325	92.799
22.	1.577.758	94.729
23.	1.604.189	96.082 ?
24.	1.622.990	96.046 ?
25.	1.643.499	97.722
26.	1.662.768	98.223
27.	1.681.418	98.929
28.	1.699.933	100.442
29.	1.721.926	101.621
30.	1.760.740	103.472
31.	1.766.078	104.199

(Zahlen der Johns Hopkins University, zitiert nach: Statista, https://de.statista.com/statistik/daten/studie/1103602/umfrage/entwicklung-der-fallzahlen-des-coronavirus. (Einige der Zahlen werden später geringfügig nach oben korrigiert. Der Unterschied ist minimal und wird daher hier und in folgenden Tabellen nicht berücksichtigt.)

Die Zahlen der neu Infizierten und Toten im Vergleich (jeweils ein halber Monat)

	Infizierte	Tote
01.–15. März	1.616	39
16.–31. März	160.896	3.101
01.–15. April	419.607	21.978
16.–30. April	455.359	32.871
01.–15. Mai	286.859	20.153
16.–31. Mai	321.708	16.604

Es wird deutlich, dass die Zahlen der Infizierten und Toten in der ersten Märzhälfte noch recht niedrig sind, in der zweiten dann aber sprunghaft ansteigen. In der ersten Aprilhälfte erfolgt ein weiterer rapider Anstieg. Der Höhepunkt wird in der zweiten Aprilhälfte mit rund 455.000 neu Infizierten und 33.000 Toten erreicht. In der ersten Maihälfte gehen die Zahlen beträchtlich zurück, bleiben aber immer noch auf einem sehr hohen Niveau. In der zweiten Maihälfte steigt die Zahl der neu Infizierten im Vergleich mit der ersten Maihälfte wieder um rd. 30.000 an. Die Zahl der Toten dagegen geht um rd. 3.000 zurück.

Dazu einige Zahlen zum Vergleich:

Bevölkerung der USA im Mai 2020	**rd.**	**328.000.000**
Geburten 2019:	rd.	4.100.000
Todesfälle:	rd.	2.700.000

Jährliche „normale" Virusgrippe (flu season)
Schätzungen des *Center for Disease Control and Prevention* jeweils von Oktober/November eines Jahres bis April/Mai des folgenden

2017/2018	**Infizierte:** 45 Millionen **Tote:** 61.000, andere Schätzung: zwischen 46.000 und 95.000
2018/2019	**Infizierte:** zwischen 35 und 42 Millionen **Tote:** 34.000, andere Schätzung: zwischen 34 und 61 Tausend
2019/2020	(„normale" Virusgrippe, ohne Corona, 01.10.2019–04.04.2020) **Infizierte:** 39.000, andere Schätzungen: zwischen 36.000 und 56.000 **Tote:** etwa 24.000 [1]

Im März hatten Trump und die Gouverneure der meisten Bundesstaaten unterschiedliche, mehr oder weniger strenge Schutzmaßnahmen gegen das Corona-Virus angeordnet. Dazu gehörten das Verbot, die eigene Wohnung zu verlassen, das Gebot, Schutzmasken zu tragen, die Einhaltung von Abständen zwischen verschiedenen Personen, die Schließung von Warenhäusern und anderen Geschäften außer Supermärkten, aber auch von Kinos, Theatern, Hotels und Restaurants, die Reduzierung der Zahl von Flügen und direkte Reiseverbote, die Untersagung von größeren Veranstaltungen in geschlossenen Räumen sowie im Freien und anderes mehr. Es handelt sich um Maßnahmen, wie sie auch in vielen anderen Ländern, z.B. in Deutschland, beschlossen wurden. In den USA kommen sie aber erst zu einem Zeitpunkt, als die Pandemie zumindest in Teilen des Landes, wie in New York, schon völlig außer Kontrolle geraten ist. Die Anordnungen vom März gelten im April weiterhin und werden zum Teil sogar noch verschärft.

*

Am stärksten wird die Gesellschaft vom Herunterfahren der Wirtschaft betroffen. Noch im Februar 2020 hatte die Konjunktur im Land gebrummt. Erwartet wurde ein Jahres-Wachstum um 2 Prozent oder mehr. Im ersten Quartal gibt es dann aber im Vergleich zum letzten Quartal des Vorjahres einen Rückgang von 4,8 Prozent. Da Produktion und Dienstleistungen im Januar und Februar noch normal funktionierten, ergibt sich der Rückgang fast ausschließlich aus der Entwicklung im März. Umfangreiche Hilfsprogramme sollen Schlimmeres verhindern. Geld im Wert von rund 2,7 Billionen Dollar wird in die Wirtschaft gepumpt. 650 Milliarden davon sind für ein Programm bestimmt, das für drei Monate mittleren und kleineren Unternehmen die Lohnkosten ersetzen soll. Trotz der Hilfsprogramme geht die Wirtschaftsleistung massiv zurück. Selbst führende produzierende und Finanzunternehmen müssen massive Verluste hinnehmen. So verliert der Multimilliardär Warren Buffet mit seiner Holdinggesellschaft *Berkshire Hathaway* im ersten Quartal etwa 50 Milliarden Dollar.[2]

Der Rückgang der Wirtschaft hat verheerende Auswirkungen auf den Arbeitsmarkt. Im Februar 2020 liegt die Arbeitslosigkeit bei 3,5 Prozent = 5,8 Millionen. Im März und Anfang April steigt sie stark an. Am 9. April liegt sie bei 16 Millionen, am 16. April sind es 16,4 Millionen, am 24. April mehr als 26 Millionen. Am 3. Mai rechnet man mit mehr als 30 Millionen. Ende Mai sind es rund 40 Millionen. Trumps Wirtschaftsberater Kevin Hasset spricht von einem „Schock historischen Ausmaßes".[3] Noch vor Ostern, d.h. vor dem 12./13. April, drängt der Präsident darauf, die Wirtschaft schrittweise wieder hochzufahren. Er weiß, dass auf diesem Gebiet über seine Wiederwahl oder sein Ausscheiden aus dem Weißen Haus entschieden wird. So versucht er, die Lage schönzureden und prophezeit eine spektakuläre Erholung noch 2020 und einen sensationellen Aufstieg 2021. Ende April präsentiert er ein Programm, mit dem die Wirtschaft in drei Phasen wieder hochgefahren werden soll.

Am 5. Juni 2020 veröffentlicht die zuständige Behörde für Arbeitsmarktstatistik Vergleichszahlen der Arbeitslosigkeit für die Monate April mit 14,7 Prozent und Mai mit 13,3 Prozent. Trump jubelt und spricht von einem wirklich großartigen Arbeitsmarktbericht. Doch kurz darauf werden die Zahlen wegen eines Fehlers bei der Erfassung korrigiert. Sie liegen 3 Prozent höher.

Arbeitslose	April: 17,7 % (saisonbedingt)
	(Nach anderen Angaben, so n-tv, 19,7 %)
	Mai: 16,3 %

Trump ist empört und weigert sich, die neuen Zahlen anzuerkennen.

Sie sind immer noch sehr hoch. Im Vergleich zum April ist aber kein Anstieg, sondern ein leichter Rückgang von 1,4 Prozent zu verzeichnen. Die Befürchtungen der Behörden, die Zahlen könnten auf bis zu 21 Prozent steigen, haben sich nicht bewahrheitet. Die Lockerungsmaßnahen in vielen Bundesstaaten lassen die Beschäftigungszahlen wieder steigen. Experten warnen allerdings, darin schon eine Trendwende zu sehen.[4]

*

Trump wird bei seinen Bemühungen, weitgehende Normalität auch bei noch hohen Zahlen von neu Infizierten und Toten wiederherzustellen, von den Gouverneuren einiger Bundesstaaten und einer zunehmenden Protestbewegung gegen die Beschränkungen des öffentlichen Lebens unterstützt. Ende April gibt es erste Lockerungen in Georgia. Einige Bundesstaaten folgen, andere distanzieren sich von ihrem Präsidenten. Der Gouverneur des Bundesstaates New York Andrew Cuoma ist vorsichtig. Ende April kündigt er an, dass erste Unternehmen nicht vor Mitte Mai wieder mit der Arbeit beginnen könnten.

Ende April/Anfang Mai gibt es in mindestens fünf Bundesstaaten zunehmende Proteste gegen die Einschränkungen wegen der Corona-Pandemie. Demonstrationen finden in mehreren Städten statt. In Kalifornien reicht es von Sacramento bis San Diego, u.a. in San Francisco und Los Angeles, vor allem gegen die Sperrung der Strände. Im Bundesstaat Michigan stürmen Bewaffnete das Kongressgebäude.[5] Zu denen, die sich nicht an die Kontaktsperre halten, gehören viele fundamentalistische Christen, die so genannten Evangelikalen. Aber auch zahlreiche afro-amerikanische Gemeinden führen weiterhin Gottesdienste und andere kirchliche Veranstaltungen durch. Die Teilnehmer stehen oder sitzen dabei eng zusammen, singen und umarmen sich immer wieder. Eine der Folgen ist der Tod von 30 Pastoren. Trump lässt keinen Zweifel daran, dass er mit den Protestierenden sympathisiert und ihre Aktionen unterstützt.

*

Ein Ereignis verändert wieder fast alles: vier weiße Polizisten nehmen bei einer Kontrolle in Minneapolis den Afro-Amerikaner George Floyd fest, legen ihm Handschellen an und werfen ihn auf den Boden. Einer von ihnen setzt sein Knie minutenlang auf den Hals des Verhafteten. Dieser gibt immer wieder zu verstehen, dass er nicht mehr atmen kann (*I can' breathe)*, – bis er tot ist. Der Autopsie-Bericht bestätigt, dass er erstickt wurde. Amateurfilmer halten die schreckliche Szene des Todeskampfes von George Floyd fest und stellen die Videos ins Netz. Weit über Minneapolis hinaus lösen die Bilder Entsetzen, Empörung und Wut aus. In den folgenden Tagen und Wochen kommt es zu Massenprotesten, vergleichbar dem Flächenbrand nach der Ermordung von Martin Luther King, Jr.

Schon in den ersten Tagen nach dem Mord an George Floyd demonstrieren und protestieren Zehntausende in zahlreichen Städten der USA von der Ost- bis zur Westküste: von New York und Washington, D.C., über Chicago und Houston bis Los Angeles und Seattle. Empörung und Wut sind groß. Die Forderungen lauten: Stopp der Polizeiwillkür, soziale Gerechtigkeit, ein Ende dem Rassismus. Die meisten Demonstrationen verlaufen friedlich, ohne Gewalt. Es gibt aber auch Plünderungen, Polizisten werden angegriffen und verletzt, ihre und andere Autos sowie Geschäfte brennen. Einige Medien äußern den Verdacht, dass es sich dabei nicht nur um die üblichen Randalierer und Chaoten handelt. Zum Teil könnte es auch das Werk weißer Nationalisten und Ultrarechter sein. Im Internet gut vernetzt, machen sie kein Hehl daraus, dass sie provozieren und einen Rassenkrieg vorbereiten wollen.[6]

Robert Nelles schreibt in einem Artikel im Spiegel „Amerikas Wut, Trumps Versagen“: „Die Proteste in vielen US-Großstädten offenbaren das grundsätzliche Problem in der amerikanischen Gesellschaft – und den Unwillen des Präsidenten, es zu lösen.“ Empörung, Wut und Hass sind das „Symptom einer Krankheit“. Es herrscht „eine brutale Ungleichheit, eine soziale Spaltung, die man sich in Europa nur schwer vorstellen kann“.[7] Die Corona-Krise verstärkt alle Probleme noch einmal deutlich. Die Spaltung in der Gesellschaft wird tiefer. Multimillionären und Milliardären geht es immer besser. Die Mehrheit der weißen Mittelschicht kommt noch einigermaßen über die Runden. Große Teile der übrigen Bevölkerung geraten aber immer mehr ins Abseits. Der Verlust des Arbeitsplatzes durch die Corona-Krise bedeutet für viele einen weiteren sozialen Abstieg. Viele rechnen mit Not und Elend, vielleicht sogar mit Hunger. In den Armenvierteln werden die Schlangen vor den Suppenküchen immer länger. Die Arbeitslosenunterstützungen gehen bald zu Ende. Zu diesen Problemen kommen der Rassismus, die Misere der Gesundheitsversorgung und der Bildungsnotstand, aber auch Waffengewalt, Bandenkriminalität und Drogenmissbrauch.[8]

Eine Bilanz der ersten Tage nach der Ermordung von George Floyd: Es herrscht Ausnahmezustand, es gibt Tote und Verletzte, Tausende von Festnahmen. Trump zeigt keinerlei Verständnis oder Sympathie für die friedlich Demonstrierenden und ihre gerechten Forderungen. In denen, die auf die Straße gehen, sieht er nur Randalierer, Chaoten und Gesetzesbrecher, eine Verschwörung seiner Feinde. Er droht mit dem Einsatz von Militär und ruft damit Widerspruch engster Mitarbeiter und Berater, sogar des Verteidigungsministers, hervor. Den Gouverneuren der Bundesstaaten empfiehlt er in einer Telefonkonferenz, nicht zimperlich gegen die Demonstranten vorzugehen: Die Machtorgane des Staates müssen „dominieren". Sie sollen sich nicht zu Narren machen lassen, so seine Argumentation.

Seine Haltung zu den Massenprotesten macht einmal mehr deutlich: Er will die verschiedenen Gruppen der Gesellschaft gegeneinander ausspielen. Den Reichen und Superreichen sichert er Vermögen und Macht. Die Lage der weißen Mittel- und oberen Unterschicht will er verbessern. Die anderen sind für ihn zweit- und drittrangig. Das bestimmt auch seine Haltung zu den Demonstrationen nach der Ermordung von George Floyd. Er nutzt die Angst der Reichen und Superreichen sowie der weißen Mittel- und oberen Unterschicht vor Unruhen und einem möglichen Chaos und ihre Sehnsucht nach Ruhe und Ordnung aus. Ihnen präsentiert er sich als Retter in der Not, Fels in der Brandung, *tough guy*.

*

Viel spricht dafür, dass das eine der Säulen seines weiteren Wahlkampfes sein wird.[9] Als Populist will er sich nicht mit den wirklichen, komplexen Problemen der Gesellschaft auseinandersetzen. Er bietet einfache Lösungen an: Ruhe, Gesetz und Ordnung. So fordert er einen schnellen Wiederaufschwung der Wirtschaft in der Meinung, dass damit alle Probleme gelöst werden. Die boomende Wirtschaft mit niedriger Arbeitslosigkeit gibt es durch die Pandemie als Wahlschlager nicht mehr. *So macht Trump eine Bedrohung der USA durch China zu einer neuen, zweiten Säule seines Wahlkampfs*. Dabei kann er ausnutzen, dass laut Umfragen mittlerweile zwei Drittel der Amerikanerinnen und Amerikaner die Volksrepublik negativ beurteilen. Die Zahl derer, die China nicht mehr nur als Konkurrenten, sondern als Feind sehen, ist in den ersten fünf Monaten des Jahres als Ergebnis der von der Regierung geschürten Anti-Peking-Kampagne von 20 auf mehr als 30 Prozent gestiegen. Auf diesem Hintergrund versucht Trump, seinen Rivalen Joe Biden als „Freund Chinas" zu diffamieren. Viel deutet aber darauf hin, dass die Neuausrichtung der amerikanischen Chinapolitik noch mehr als Wahlkampf ist. Die Hardliner im Umfeld des Präsidenten drängen schon seit längerer Zeit auf eine härtere Politik und letztlich auf einen offenen Bruch mit der Volksrepublik. Sie wollen China bestrafen: für fehlerhaftes Verhalten am Beginn der Corona-Pandemie, für seine Handelspolitik gegenüber den USA, für angebliche Schädigung der amerikanischen Wirtschaft und anderes mehr. Steve Bannon, nicht mehr im Weißen Haus, aber immer noch politisch einflussreich, spitzt zu: Mit der Informationspolitik am Beginn der Corona-Pandemie habe Peking vorsätzlichen Mord begangen und sei für ein „biologisches Tschernobyl" verantwortlich. Die Hardliner fordern eine „Entkoppelung" der amerikanischen und chinesischen Volkswirtschaften. Eine für Freihandel eintretende Fraktion dagegen, zu der Trumps Schwiegersohn Kushner gehört, warnen, dass der dadurch entstehende Schaden für die USA enorm sein könnte. Viele Kommentatoren meinen, es drohe ein neuer Kalter Krieg oder er habe bereits begonnen, dieses Mal zwischen den USA und China. Dabei gibt es allerdings wesentliche Unterschiede: beide Länder sind wirtschaftlich eng miteinander verflochten, was für die USA und die Sowjetunion nicht zutraf. Fabian Reinbold meint dazu: „Und doch geht es im alten wie im möglichen neuen Kalten Krieg um dasselbe: Zwei Supermächte streiten um die Vorherrschaft in Wirtschaft, Technologie, Ideologie, Einfluss.“[10]

Eine dritte Säule des Trumpschen Wahlkampfs dürfte weiterhin die irrwitzige Behauptung sein, Biden und die Demokratische Partei insgesamt seien darauf aus, den Sozialismus in den USA einzuführen. Durch die Corona-bedingten Einschränkungen ist es für die Demokraten sehr schwierig, ihre Argumente öffentlich wirksam zu machen. Trump hat wesentlich mehr Möglichkeiten, seine Wähler zu erreichen. In den Vorwahlen vom 11. April bis zum 23. Mai gewinnt Biden in weiteren 7 Bundesstaaten und ist damit der Favorit seiner Partei als Präsidentschaftskandidat. Die wenigen Vorwahlen der Republikaner sind nur eine Formsache. Die Kandidatur Trumps steht längst fest.

Übersicht

Vorwahlen der Demokraten vom 11. April bis zum 23. Mai

(Sanders ist offiziell ausgeschieden, lässt seine Delegierten-Stimmen aber noch zählen, um auf dem Nominierungsparteitag damit Druck ausüben zu können)

11.04. **Alaska (15) +4 Superdelegierte**
Biden 9 = 55,3%
Sanders 8 = 44,7

17.04. **Wyoming (14) +4**
Biden 10 = 72,2%
Sanders 4 = 27,8%

28.04. **Ohio (136) +17**
Biden 115 = 72,4%
Sanders 21 = 16,6%

02.05. **Kansas (39) +6**
Biden 29 = 76,9%
Sanders 10 =23,1%

12.05. **Nebraska (29) +4**
Biden 29 = 77,4%
Sanders 0 = 13,6%

19.05. **Oregon (61) +12**
Biden 46 = 66,5%
Sanders 15 = 20,2%

23.05. **Hawaii (24) +9**
Biden 16 = 63,2%
Sanders 8 = 36,8% 11)

Ende Mai/Anfang Juni haben Wahlkampf und Corona-Pandemie in den USA an Bedeutung verloren. Die alles andere übertreffende Frage lautet: Wie geht es weiter mit den immer mehr zum Aufruhr werdenden Protesten gegen Rassismus, Polizeigewalt und soziale Ungerechtigkeit im Land?

Quellen

1 https://www.cdc.gov>flu>about>burden; https://www.cdc.gov/flu-about/season/flu-season-2018-2019.htm;https://en.wikipedia.org/wiki/2019-2020-united-states-flu-season; https://en.wikipedia.org/wiki/2017-2018-united-states-flu-season.

2 https://www.morgenpst.de/vermischtes/article228971465/coronavirus-usa, Morgenpost, Corona-Krise: Buffett macht 50 Milliarden Dollar Verlust, 03.05.2020.

3 https://www.spiegel.de/wirtschaft/soziales/corona-krise-in-den-usa, *Der Spiegel*, Coronakrise in den USA. Trumps Wirtschaftsberater rechnen mit Arbeitslosenquote von 16 Prozent – oder mehr, 27.04.2020, 10:30 Uhr.

4 https://de.statista.com/statistik/daten/studie/193941/umfrage/monatliche-arbeitslosenquote-in-usa; https://www.n-tv.de/wirtschaft/us-arbeitslosenquote-hoeher-als-gedacht-article21832371.ht.

5 https://www.fr.de/politik/corona-krise-usa-covid19-tote-infizierte, Corona-Krise in den Vereinigten Staaten. Corona in den USA – Statistik: Mehr Todesfälle zu Beginn der Pandemie als bislang angenommen, von Daniel Dillmann und Tim Vincent Dicke, 03.05.2020, 08:28 Uhr.

6 *Berliner Zeitung*, Der Aufruhr, von Thomas Spang, 03.06.2020.

7 https://www.spiegel.de/politik/ausland/amerikas-wut-trumps-versagen, *Der Spiegel*, Unruhen in den USA. Amerikas Wut, Trumps Versagen, von Roland Nelles, Washington, 31.05.2020, 19:02 Uhr.

8 Ebenda.

9 Ebenda.

10 Kommentar und Wertungen im vorangegangenen Absatz: newsletter@fabianreinbold.de, Fabian Reinbold, Post aus Washington, 22.05.2020.

11 https://de.wikipedia,org/wiki/vorwahlergebnisse-der-praesidentschaftswahl-in-den-vereinigten-staaten, Vorwahlergebnisse in den Vereinigten Staaten 2020.

8. Eine zweite Welle der Corona-Pandemie bei anhaltender Protestbewegung gegen Rassismus und Polizeigewalt

Juni und Juli 2020

Juni

Im Juni gehen die mit der Ermordung von George Floyd ausgelösten Proteste gegen Rassismus und Polizeigewalt weiter. Sie werden immer mehr zu einem offenen Aufruhr, zu einem Flächenbrand wie 1968 nach der Ermordung von Martin Luther King, Jr. Nachdem der Afro-Amerikaner Rayshard Brooks am 12. Juni in Atlanta von einem weißen Polizisten mit zwei Schüssen in den Rücken getötet worden war, schwillt die Protestbewegung weiter an. Am darauffolgenden Wochenende, am 13. und 14. Juni, kommt es zu den größten Protestdemonstrationen nach denen beim Tod von George Floyd.

Die Unruhen erfassen die Millionenstädte von der Atlantik- bis zur Pazifikküste. Sie greifen zum Teil auch auf das Amerika der Mittel- und Kleinstädte über. So gibt es Hunderte von Demonstrationen in Orten mit weniger als 20.000 Einwohnern. Die Proteste kommen nicht nur aus der schwarzen Community. Zahlreiche Teilnehmer der Kundgebungen gehören der vorwiegend weißen *middle class* und der *working class* an. Sie eint, über den Protest gegen Polizeiwillkür und Rassismus hinaus, die

Ablehnung der immer weiter wachsenden Ungleichheit und der zunehmenden Spaltung der Gesellschaft sowie das Eintreten für längst überfällige gesellschaftliche Veränderungen. Die meisten Demonstrationen verlaufen friedlich. Die große Mehrheit der Teilnehmer lehnt Gewalt und Randale, Plünderung und Brandschatzung eindeutig ab. Zum Teil gibt es aber auch ein gewisses Verständnis dafür. So werden oft die Worte von Martin Luther King, Jr., zitiert. Er hatte mit dem Blick auf ähnliche Ereignisse seiner Zeit erklärt, Krawall sei die Sprache der Sprachlosen. Man dürfe sie nicht verurteilen, ohne die unerträglichen Zustände in der amerikanischen Gesellschaft zu verurteilen.

Viele Bürgermeister ordnen Polizeireformen in ihrem Verantwortungsbereich an und verbieten mit sofortiger Wirkung den Würgegriff, der zum Tod von George Floyd geführt hatte. Einige Polizisten in Washington, D.C., und anderen Städten beugen spontan ihr Knie oder legen Helm und Knüppel ab und schließen sich den Demonstrierenden an, um ihre Sympathie für sie zu bekunden. Bei Kommunalwahlen verlieren Rassisten. In Ferguson, Missouri, wird zum ersten Mal eine schwarze Frau zur Bürgermeisterin gewählt. Prominente Politiker bekunden ihre Sympathie für die Protestierenden. So erklärt der frühere republikanische Außenminister Colin Powell, am 3. November nicht für Trump, den Kandidaten *seiner* Partei, sondern für den Demokraten Joe Biden stimmen zu wollen. Ehemalige Präsidenten der USA – die Demokraten Jimmy Carter, Bill Clinton und Barack Obama sowie der Republikaner George W. Bush – kritisieren, ungewöhnlich in der Tradition des Landes, öffentlich ihren Nachfolger im Weißen Haus.

Die Aufgabe des Präsidenten in dieser Situation wäre es, mindestens Verständnis für die Demonstrierenden und ihre Forderungen zu zeigen, Mitleid mit den Opfern von Polizeigewalt zu bekunden und Worte der Versöhnung zu finden. Trump aber reagiert „mit eiskalter Rambo-Rhetorik“ und setzt auf weitere Eskalation.[1] Indem er die Teilnehmer der Demonstrationen generell mit Chaoten und Plünderern gleichsetzt, gießt er weiter Öl ins Feuer. Er droht: Wenn das Plündern beginnt, fängt das Schießen an. Noch im Mai hatte er einen möglichen Einsatz des Militärs angekündigt. In der Polizei gibt es seiner Meinung nach kein Rassismus-Problem. Man könne lediglich von einigen faulen Äpfeln sprechen. Offen legt er sich mit Gouverneuren und Bürgermeistern an, die seinem Kurs nicht folgen. In einem Dekret formuliert er seine Vorstellungen von einer Polizeireform. Nach Meinung von Nancy Pelosi handelt es sich dabei um eine schwache Verfügung, die nicht annähernd der Aufgabe gerecht wird, „die Epidemie der Rassenungerechtigkeit und der Polizeibrutalität zu bekämpfen“[2] Die Demokraten legen ihrerseits im Repräsentantenhaus einen Gesetzentwurf vor, der u.a. die Strafverfolgung von Polizisten bei ungerechtfertigter Gewalt vorsieht. Das Weiße Haus signalisiert sofort Ablehnung. In vielen Städten werden gegen den Willen von Trump einzelne Punkte einer Polizeireform verwirklicht. So ordnet der Bürgermeister von Atlanta Keisha Lan die Schulung von Beamten in Fragen einer Deeskalationsstrategie an und verpflichtet sie, künftig exzessive Gewaltanwendung von Kollegen zu melden. Der Bürgermeister von New York Bill de Blasio verfügt, dass die Aufzeichnungen von Kameras, die Beamte beim Einsatz tragen, bei Gewaltanwendung innerhalb von 30 Tagen öffentlich zugänglich gemacht werden müssen.

*

Im Mai kommt die Wirtschaft langsam wieder in Gang. Der Einbruch im April hatte 18,1 Prozent betragen. Ein wichtiges Indiz für den beginnenden Aufschwung: Nach Angaben des Handelsministeriums wachsen die Bestellungen für langlebige Produkte im Mai gegenüber dem Vormonat um 15,8 Prozent.[3] Im Juni setzt sich diese Entwicklung fort. Einige Analysten meinen, dass damit das Tief der Corona-bedingten Krise durchschritten sein könnte. Die Sorgen bleiben aber bestehen, weil die Zahl der Virus-Infizierten, vor allem im Süden der USA, Ende Juni wieder steil ansteigt, was den wirtschaftlichen Wiederaufschwung in einem noch nicht abschätzbaren Maße erschweren könnte. Die Wirtschaftsberater des Weißen Hauses verbreiten aber – natürlich – Optimismus. Sie meinen, dass es in der zweiten Jahreshälfte zweistellige Wachstumsraten geben und die Zahl der Arbeitslosen auf unter 10 Prozent zurückgehen werde. Der Internationale Währungsfonds geht in einer nüchternen Analyse davon aus, dass das amerikanische Bruttoinlandsprodukt 2020 um etwa 5 Prozent schrumpfen wird. Das wäre der stärkste Rückgang seit der Finanzkrise 2007–2009.[4]

Trotz der beginnenden Erholung der Wirtschaft, des leichten Rückgangs der Arbeitslosigkeit und der Schaffung von etwa 2,5 Millionen neuer Arbeitsplätze im Mai verlieren im Juni weitere Amerikanerinnen und Amerikaner ihren Job. In der ersten Juniwoche werden rund 650.000, in der Folgewoche etwa 1,5 Millionen neu arbeitslos. *Laut AFP haben sich vom Beginn der Corona-Pandemie bis zum 10. Juni mehr als 44 Millionen arbeitslos gemeldet.* In der Woche vom 15. bis zum 19. Juni stellen wieder 1,5 Millionen eine Erstantrag auf Unterstützung wegen Arbeitslosigkeit.[5] Ende Juli laufen die Zuschüsse zum Arbeitslosengeld von maximal 600 Dollar pro Woche aus. Sollten diese nicht wenigstens teilweise verlängert werden, droht eine Armutswelle im Land, wie David Kelly, *Global Strategist* von *JP Morgan Asset,* meint. Paul Krugman, Nobelpreisträger für Wirtschaft, befürchtet, der späte Sommer und der frühe Herbst könne für sehr viele zur Hölle werden, wenn es nicht neue Hilfspakete gibt.[6]

*

Die Tabellen im folgenden Abschnitt über den Juli 2020 machen deutlich: Die Zahlen der Corona-Neuinfektionen gehen in der 1. Junihälfte verglichen mit der 2. Hälfte des Vormonats deutlich zurück, abgerundet von 322.000 auf 303.000. *In der 2. Junihälfte aber schießen sie plötzlich wieder steil nach oben auf rund 500.000!* Das ist deutlich höher als die Zahl der Neuinfizierten in der 2. Aprilhälfte (rund 455.000), als die Pandemie ihren ersten Höhepunkt erreichte. Es sind vor allem der Süden, zunehmend aber auch andere Gebiete der USA, die wegen der Missachtung der Schutzmaßnahmen diese Entwicklung verursachen. Ein weiterer Grund ist die in mehreren Bundesstaaten offenkundig zu früh erfolgte Lockerung der Einschränkungen des öffentlichen Lebens. Es war Trump, der immer wieder darauf gedrängt hatte. Jetzt versucht er, die Gefahr herunterzuspielen. Außerdem lehnt er jede Verantwortung für den Verlauf der Pandemie ab und macht allein China dafür verantwortlich. Ferner erklärt er, der Anstieg der Infektionszahlen ergebe sich daraus, dass mehr Tests als in der

Vergangenheit durchgeführt würden. Noch ist nicht abzusehen, welche Folgen die neue Welle der Pandemie für die Wirtschaft und damit im Zusammenhang für die Arbeitslosigkeit im Land haben wird. Die Chancen für eine Wiederwahl Trumps am 3. November dürften sich dadurch aber erst einmal verschlechtern.

Im Unterschied zu den Neuinfektionen sinken die Zahlen der Corona-bedingten Todesfälle kontinuierlich von rund 55.000 in der zweiten Aprilhälfte auf rund 22.000 in der zweiten Junihälfte.

*

Von Anfang April bis in die zweite Maihälfte hinein spielt der Wahlkampf wegen der Corona-Pandemie nur eine untergeordnete Rolle. Nach dem Tod von George Floyd und den beginnenden Massenprotesten gegen Rassismus und Polizeiwillkür kommt er dann langsam wieder in Fahrt. Im Juni hält jeder der beiden Rivalen um die Präsidentschaft eine Rede, die breite Resonanz in den Medien findet. Joe Biden spricht am 2. Juni in der Stadthalle von Philadelphia. Es hat wohl symbolische Bedeutung, dass er den Ort wählt, in dem vor beinahe einem Vierteljahrtausend die Unabhängigkeitserklärung der USA unterzeichnet wurde. Donald Trump spricht auf seiner ersten Wahlveranstaltung nach Beginn der Corona-Pandemie am 20. Juni in einer Arena in Tulsa im Bundesstaat Oklahoma.

Biden tritt am 2. Juni ans Rednerpult mit einer Maske vor Mund und Nase. Er nimmt sie ab mit den Worten, die George Floyd unter dem Knie eines Polizisten immer wieder gesagt hatte: *I can't breathe.* Nachdem er vorher die Familie des Toten besucht hatte, bekundet er damit erneut seine Verbundenheit mit den Hinterbliebenen. Im Unterschied zu Trump erklärt er seine Sympathie und Unterstützung für die Protestbewegung gegen Rassismus und Polizeiwillkür. Er zeigt Mitgefühl und Verständnis für den Schmerz und die Wut der Demonstrierenden und versucht, Trost zu spenden. Mit seinem klaren Bekenntnis gegen Rassismus und gegen den Hass wirbt er für Versöhnung in einer tief gespaltenen Gesellschaft. Er klagt an: Unter den zu diesem Zeitpunkt mehr als 100.000 an oder im Zusammenhang mit Corona Gestorbenen, unter den 40 Millionen Arbeitslosen und den rund 1.000 Opfern von Polizeigewalt sind Schwarze überdimensional vertreten: „ Zu oft wird ihre Hautfarbe allein zu einem Lebensrisiko.“ Dem Präsidenten wirft er vor, den letzten Rest an moralischer Autorität verloren zu haben: „Das Land schreit nach einer Führung, die uns vereinen kann.“[9]

Die Kommentare der liberalen und linken Medien sind voll des Lobes für Biden. *Der Spiegel* titelt, stellvertretend für viele andere: „Die Rede des Anti-Trump.“ Sie sei „präsidialer ...als alles, was vom Präsidenten bisher zu hören war.“[10] Die *Frankfurter Allgemeine Zeitung* urteilt: „Bidens Kontrastprogramm zu Trump.“[11] *CNN* kommentiert, Biden versuche, „Amerikas Chefheiler“ zu werden.[12]

Am 20. Juni, eine Woche später als ursprünglich vorgesehen, hält Donald Trump seine Wahlkampfrede in Tulsa, Oklahoma. Schon zu Beginn der Veranstaltung wird sie für den Präsidenten zu einer großen Enttäuschung. Erwartet wurden 19.000 Besucher. Es kommen aber weit weniger. Etwa ein Drittel der Ränge bleibt leer. Ein vorher gemieteter Platz vor der Halle für diejenigen, die wegen der erhofften Überfüllung keinen Einlass bekommen könnten, muss abbestellt werden. Anschließend wird spekuliert, ob die Angst vor Infizierung die Ursache dafür war, oder ob Trump-Gegner sich viele Tickets besorgt hatten, aber nicht hingingen.

Trump hält eine seiner üblichen Reden. In den Tagen davor hatte er den Tod von George Floyd zwar mehrfach bedauert und der Familie kondoliert. Außerdem hatte er sich zum Recht auf friedliche Demonstrationen bekannt. In seinen Ausführungen distanziert er sich aber wiederum nicht klar von Rassismus und Polizeigewalt. Dafür lobt er die Arbeit der Strafverfolgungsbehörden und betont, dass er für *Law and Order* stehe. Keinerlei Verständnis zeigt er für den Protest der *Black Lives Matter*-Bewegung, wie die Proteste inzwischen genannt werden. In den Demonstrierenden sieht er vor allem Chaoten und Randalierer, die verfolgt und bestraft werden müssen. Seinem Gegenspieler, dem „*sleepy* Biden", wie er sagt, wirft er wie üblich vor, eine Marionette in den Händen radikaler Kräfte zu sein, deren Ziel die Umwandlung der USA in einen sozialistisch-kommunistischen Staat sei. Und natürlich lobt er, überschwänglich wie immer, sich und sein Handeln. Nicht fehlt auch das Schimpfen auf China, das den USA immer mehr Schaden zufügen würde. *Zeit-Online* kommentiert, die Rede sei mehr als Wahlkampf, sie sei eine Kriegserklärung: „Wirkt er am Rednerpult in Tulsa zunächst blass und überfordert, ist seine Rede inhaltlich von gewohnter Grobheit." Er „feuert eine erwartbare Attacke nach der anderen ab. ... Stärker als sonst verfällt er dabei in einen monotonen Sprechgesang wie ein Prediger".[13]

In den zwei Wochen nach dem Auftritt Trumps steigen die Corona-Infektionen in Tulsa und Umgebung stark an. Es gibt einen neuen Rekord. Der Leiter des örtlichen Gesundheitsdienstes Bruce Dart erklärt, einige Großveranstaltungen, zu denen auch die mit Trump gehört, seien sehr wahrscheinlich der Hauptgrund für die neue Welle von Ansteckungen. *Der Standard,* Wien, schreibt: „Trotz der geringen Besucherzahlen erweist sich der Event als Virenschleuder.“ [14]

Nachdem Trump in Umfragen lange Zeit deutlich vor Biden gelegen hatte, ändert sich das im Laufe des Monats Juni. Der Herausforderer bekommt einen Vorsprung von bis zu zehn Prozentpunkten. In einigen der für den Wahlausgang wichtigen *Swing States* liegt Biden sieben bis acht Prozent vor dem Präsidenten. Fabian Reinbold schreibt in seiner wöchentlichen „Post aus Washington“ am 3. Juli: „Biden ist auf dem Höhenflug, Trump am vorläufigen Tiefpunkt seiner Präsidentschaft.“ Wäre heute, am 3. Juli, Wahl, würde er wahrscheinlich verlieren.[15]

Einige Medien sind sich sicher, dass Biden am 3. November der Sieger sein wird. So meint die *New York Times* am 1. Juli, Trump sei erledigt, und die *Washington Post* spekuliert schon, wie hoch Biden gewinnen wird.[16] Dabei dürfte es sich aber wohl doch mehr um Wunschdenken handeln. Bis zur Wahl sind es noch dreieinhalb Monate, in denen sich viel ändern kann. (Reinbold erinnert in diesem Zusammenhang daran, dass die *New York Times* am Wahlabend 2016 Hillary Clinton eine Siegeschance von 85 Prozent gegeben hatte.) Außerdem: Die große Unzufriedenheit, die gegenwärtig unter den Bedingungen von Corona, Rassismus und Polizeiwillkür noch zunimmt, könnte unter Umständen negative Auswirkungen nicht nur für Trump, sondern auch für Biden haben. Mit seiner jahrzehntelangen politischen

Tätigkeit verkörpert er doch „das ungeliebte Establishment wie sonst kaum jemand". Wie im Fall von Hillary Clinton könnten ihn viele Wählerinnen und Wähler für die gegenwärtige krisenhafte Lage mitverantwortlich machen und ihm nicht glauben, dass er für wirkliche Veränderungen, für Neues steht.

Biden hat zurzeit einige Vorteile. Der bisherige Vorsprung Trumps resultierte vor allem aus der boomenden Wirtschaft und der damit zusammenhängenden niedrigen Arbeitslosigkeit. Das hat sich durch die Corona-Pandemie grundlegend verändert. Trump hofft nun auf einen wirtschaftlichen Aufschwung im dritten Quartal und am Beginn des vierten, also in den Monaten unmittelbar vor der Wahl. Bei der gegenwärtigen zweiten Welle von Corona-Infektionen, schlimmer als die erste, ist das aber eher unwahrscheinlich. Hinzu kommt: Im Mai hat Biden erstmals mehr Spendengelder eingenommen als Trump. Biden kam auf 80 Millionen Dollar, sein Rivale nur auf 74 Millionen.

Anfang Juni erreicht Biden bei den Vorwahlen die Zahl der Delegiertenstimmen, die erforderlich ist, um vom Parteitag zum Präsidentschaftskandidaten seiner, der Demokratischen Partei, gewählt zu werden.

*

Im Mai und Juni nehmen die Auseinandersetzungen zwischen den USA und China an Schärfe zu. Trump wirft der Führung in Peking vor, sein Land im Handel weiterhin massiv zu benachteiligen. Außerdem macht er die Volksrepublik für die weltweite Verbreitung des Coronavirus verantwortlich und fordert Entschädigung. Die Weltgesundheitsorganisation WHO hat sich seiner Meinung nach von China vereinnahmen lassen. Deshalb will er die Zahlungen an diese Organisation einstellen. Inzwischen steht fest, dass Peking am Beginn der Pandemie eine Reihe von Fehlern gemacht hat und zunächst nicht wusste, wie das Virus zu bekämpfen sei. Bei der von Trump geäußerten Kritik wird man aber den Verdacht nicht los, dass er damit vor allem von seinen eigenen schweren Fehlern im Krisenmanagement ablenken will. – Alles spricht dafür, dass der Kampf der beiden Großmächte USA und China um die Führungsrolle in der Welt sich weiter zuspitzen wird. In den politischen Führungskreisen der Vereinigten Staaten findet offenkundig ein Strategiewechsel statt. Nicht mehr Russland, sondern China wird als stärkste Bedrohung amerikanischer Interessen angesehen.

Juli

Zum *Independence Day* am 4. Juli hält Trump eine Wahlkampfrede vor dem monumentalen Denkmal von Mount Rushmore, dem Gebirgsfelsen in South Dakota mit den in Stein gemeißelten Köpfen von vier früheren Präsidenten: George Washington, Thomas Jefferson, Abraham Lincoln und Theodore Roosevelt.[17] Einen beträchtlichen Teil seiner Rede widmet er Fragen der Geschichte und des historischen Erbes. Der Hintergrund dafür ist die in der Öffentlichkeit mit großer Leidenschaft geführte Debatte über Erinnerungskultur und dabei besonders über den Umgang mit dem Erbe von Sklaverei und Rassismus. In einer ganzen Reihe von Städten werden von Anhängern der *Black Lives Matter*-Bewegung Statuen historischer Persönlichkeiten gestürzt, die rassistisch agiert oder sich dementsprechend geäußert hatten. Die Demokraten kündigen in diesem Zusammenhang an, Statuen solcher Personen aus den Hallen und Gängen des Kongressgebäudes auf dem *Capitol Hill* zu entfernen. Außerdem fordern viele aus der Bevölkerung, Militärstützpunkte in den USA umzubenennen, die Namen von Generälen aus den Südstaaten zur Zeit des Bürgerkriegs 1861–1865 tragen.

Gleich am Anfang seiner Rede zum *Independence Day* spricht Trump über die außerordentliche Rolle der Vereinigten Staaten in der Welt. Im Folgenden eine Zusammenfassung seiner größtenteils abstrusen Aussagen: Kein Volk hat mehr getan, um den Fortschritt der Menschheit zu fördern. Das Treffen an diesem historischen Ort soll dazu dienen, um die wachsenden Gefahren zu bannen, die all dem drohen, was die Vorfahren geschaffen haben. Die amerikanische Nation ist mit einer Kampagne konfrontiert, die ihre Werte auslöschen, die Helden der Geschichte diffamieren und die Kinder indoktrinieren will. Seine Gegner versuchen, das Land mit einer Welle von Gewalt und Kriminalität unter ihre Kontrolle zu bringen. Dabei streben sie einen Totalitarismus an. Durch ihr Treiben gibt es im Land einen neuen weit links angesiedelten Faschismus *(a new far-left fashism)*. Das Ziel seiner Widersacher ist es, die Zivilisation zu zerstören. Um das zu erreichen, reißen sie Statuen nieder und verleugnen das nationale Erbe. Er, Trump, unternimmt alles, um die Monumente der Geschichte zu erhalten, die Gewalttäter einzusperren und diejenigen zu schützen, die sich dagegen wehren. Die Gegner „möchten uns zum Schweigen bringen, aber wir werden nicht schweigen“ *(They want to silence us but we will not be silenced)*.

Verantwortlich für alles, was aus seiner Sicht böse ist, sind die liberalen Demokraten: „Ihr Ziel ist nicht ein besseres Amerika, ihr Ziel ist das Ende von Amerika". Aber: „Wir werden gewinnen, und zwar schnell". Wir lassen uns nicht von üblen und bösen Leuten einschüchtern. – Bei einer Zeremonie am Abend des 4. Juli im Garten des Weißen Hauses vergleicht er seine Widersacher mit Nazis und erklärt, er und seine Anhänger seien bestrebt, die radikale Linke, die Marxisten, die Anarchisten, die Unruhestifter und Plünderer zu besiegen.

Viele Medien beurteilen die Rede zum 4. Juli äußerst kritisch. Die *New York Times* titelt: „Ist Trump erledigt?" Der Londoner *Guardian* meint: „Trump wirkte noch nie so erbärmlich."[18] Die *Frankfurter Allgemeine Zeitung* charakterisiert die Rede als „eine düstere, polarisierende Botschaft".[19] *Der Spiegel* titelt: „Trump wütet, die Bürger sind wütend."[20]

Als Sanders aus den Vorwahlen ausscheidet, die für ihn abgegebenen Stimmen aber trotzdem weiterhin auszählen lässt, ist unklar, ob sein Lager und das von Biden bei ihren Gegensätzen bleiben oder die Zusammenarbeit suchen würden. Sie entscheiden sich, anders als Sanders und Hillary Clinton 2016, für die Kooperation. Biden ist klar, dass er die Linke im weiteren Wahlkampf braucht. Sanders weiß, dass er nur so etwas von seinen Ideen in die Wahlplattform der Demokraten einbringen kann. Beide haben zudem wohl auch gewisse Sympathien füreinander, die Chemie scheint zu stimmen. Noch am Anfang von 2020 wollte Biden einfach die Rückkehr zu einer „Normalität" der Vor-Trump-Zeit. Die Pandemie mit ihren unterschiedlichen Auswirkungen auf die verschiedenen Gruppen der Gesellschaft und die Massenproteste gegen Rassismus und Polizeigewalt brachten ihn aber zu der Erkenntnis, dass es nicht genügt, nur zur Zeit vor Trump zurückzukehren.

In seinen Vorstellungen rückt Biden jetzt ein ganzes Stück nach links. Wie der amerikanische Politikwissenschaftler Michael Tomasky[21] meint, sieht dieser „sich plötzlich in die Rolle eines Franklin Roosevelt versetzt – einer Führungsgestalt, die in die ungeheure Verantwortung, die die Geschichte ihr auferlegt, hineinwächst und einen grundlegenden Wandel einleitet". Als Biden am 7. April 2020 in einem *CNN*-Interview gefragt wird, mit welcher wirtschaftlichen Lage er nach einem Wahlsieg wahrscheinlich konfrontiert sein wird, antwortet er: „Ich glaube, sie wird sogar die Situation in den Schatten stellen, der FDR (Franklin D. Roosevelt) sich gegenüber sah. ... Wir haben die Chance, ... jetzt so vieles zu tun, um einige der strukturellen Dinge, die falsch sind, zu ändern; einige der strukturellen Dinge, für die wir bisher niemanden interessieren konnten". Nach der Ermordung von George Floyd erklärt er am 2. Juni in seiner Rede in Philadelphia, es sei an der Zeit, sich mit dem systematischen Rassismus auseinanderzusetzen und längst überfällige Veränderungen vorzunehmen. Auch in anderen Politikbereichen wie Klima und Strafrecht bekennt er sich zu neuen Ideen. Er ist offenkundig bereit zu akzeptieren, dass die angebliche Normalität „zu keiner Zeit genug war". Er könnte jetzt gewillt sein, „sich von Vorstellungen und Prinzipen des Neoliberalismus zu lösen, die jahrzehntelang die Politik in den USA prägten". Er beginnt zu verstehen, dass die neoliberalen Konzepte „uns die grassierende Ungleichheit unserer Zeit beschert haben, diese Überklasse von Milliardären, dieses Ethos des Ausspielens derer, denen ihr Reichtum angeblich zusteht, gegen jene, die arm sind und es nicht besser verdienen". Biden weiß aber auch, dass er nicht zu weit nach links rücken darf, was von Trump ausgenutzt werden könnte.

Wenn die Pandemie nicht noch schlimmer wird und die Wirtschaft völlig abstürzt, kann Trump bei der Wahl noch auf etwa 45 Prozent seiner Getreuesten zählen. Da es in diesem Jahr bisher aber keinen überzeugenden Kandidaten einer dritten Partei gibt, der Biden wertvolle Stimmen abnehmen könnte, und viele derer, die mit den Grünen sympathisieren, für ihn stimmen werden, muss Trump 50 oder fast 50 Prozent der Wählerschaft gewinnen, um zu siegen. 2016 reichten ihm 46,1 Prozent gegenüber Hillary Clinton mit 48,2 Prozent. So versucht Trump verstärkt, Biden als korrupt darzustellen. Die Korruptions-Diffamierung wegen dessen angeblicher Verwicklung in gewagte Geschäfte seines Sohnes Hunter hat bisher aber nur wenig bewirkt. Selbst wenn Trump in dieser Frage mit Hilfe des ukrainischen Präsidenten noch etwas im Ärmel haben sollte, wird das kaum eine größere Zahl von Wählern dahin bringen, sich für Trump zu entscheiden. Umfragen zeigten, dass eine Mehrheit Trump für korrupter als Biden hält. Viel wird bei der Wahl auch davon abhängen, wen Biden als Vize wählt. Zurzeit schwankt er wohl noch zwischen Elizabeth Warren und Kamala Harris.

*

Die Zahlen der Corona-Pandemie für den Monat Juli sind erschreckend. Es gibt rund 1,8 Millionen Neuinfizierte. Bei der ersten Welle der Erkrankungen im April waren es rd. 875.000. *Das heißt: Die Zahl der Neuerkrankungen im Juli ist etwa doppelt so hoch wie die im April.* Allein am 28. Juli gibt es 75.189 Neuinfektionen. Die Gesamtzahl der Infizierten beträgt am 31. Juli rund 4,6 Millionen, die der Toten rund 153.000. Die Hauptursache dafür ist offenkundig die verfrühte Lockerung der Schutzmaßnahmen. Trump, der vor allem an die Erholung der Wirtschaft denkt, ist dafür in entscheidendem Maß verantwortlich. Aber auch beträchtliche Teile der Bevölkerung sind mitverantwortlich. Durch leichtsinniges Ignorieren der gebotenen Schutzmaßnahmen tragen sie dazu bei, dass sich das Virus weiter und verstärkt ausbreiten kann.

Die Zahl der an oder im Zusammenhang mit Corona Gestorbenen lag im April bei 55.000. Im Juli sind es etwa 22.000. Hier gibt es also einen deutlichen Rückgang. Die Zahlen der Toten im Juli sind wieder rund 2.000 höher als im Juni. Insgesamt gesehen ist bei den Toten inzwischen die Grenze von 150.000 überschritten. Es ist noch offen, ob sich im August der verheerende Anstieg der Zahlen fortsetzen oder ob es wieder einen Rückgang geben wird. Der maßgebliche US-Virologe Anthony Fauci rechnet für die kommenden Monate mit Tausenden von weiteren Todesfällen, wenn es nicht gelingt, die Pandemie unter Kontrolle zu bringen. Solange es noch keinen Impfstoff gibt, sei es wichtig, Masken zu tragen, Abstand zu halten und für die erforderliche Hygiene zu sorgen.

Die Zahlen der Infizierten und Toten (kumuliert).

	Infizierte	**Tote**
01.06.	1.811.277	104.854
15.06.	2.115.079	116.191
16.06.	2.137.731	116.963
30.06.	2.636.856	127.425

01.07.	2.686.587	128.062
15.07.	3.499.158	137.420
16.07.	3.576.255	138.360
31.07.	4.562.1331	53.0562[23]

Die Zahlen der *Neu*infizierten und Toten im Vergleich
(jeweils ein halber Monat)

	Infizierte	Tote
01.–15. März	1.616	39
16.–31. März	160.896	3.101
	162.512	**3.140**
01.–15. April	419.607	21.978
16.–30. April	455.359	32.871
	874.966	**54.849**
01.–15. Mai	286.859	20.153
16.–31. Mai	321.708	16.604
	608.567	**36.757**
1.–15. Juni	303.802	11.337
16.-30. Juni	499.125	10.462
	802.927	**21.799**
1.–15. Juli	812.571	9.358
16.–31. Juli	985.878	14.696
	1.798.449	**24.054**[24]

Zahlen der Neuinfizierten an ausgewählten Tagen

01. Juni	17.354
13. Juni	25.556
15. Juni	19.660
30. Juni	45.746
01. Juli	51.174
02. Juli	54.461
14. Juli	66.402
23. Juli	75.001
28. Juli	75.189

*

Die Corona-Pandemie führt zu einem beispiellosen Konjunktureinbruch und zur wirtschaftlichen Krise. Im zweiten Quartal 2020 schrumpft das Bruttoinlandsprodukt aufs Jahr hochgerechnet nach Schätzung der Regierung um 32,9 Prozent, also um ein Drittel. Analysten hatten sogar 34,7 Prozent befürchtet. Im ersten Quartal hatte es schon eine Schrumpfung von 5,0 Prozent aufs Jahr hochgerechnet gegeben. Ein solcher Einbruch war seit dem Beginn der Datenerhebung 1947 noch nie zu verzeichnen. Zum Vergleich: Im Krisenjahr 2008 war das Bruttoinlandsprodukt annualisiert im vierten Quartal um 8,4 Prozent eingebrochen. Den bislang größten Einbruch hatte es im ersten Quartal 1958 mit gut 10 Prozent gegeben.[25] Und die Aussichten für den August und die folgenden Monate sind angesichts der steigenden Zahlen der Corona-Neuinfizierten schlecht. *Südwest Presse Online (SWP)* titelt am 3. August: „Wirtschaft vor erneutem Einbruch. Dramatisch steigende Infektionszahlen zwingen immer mehr Staaten der USA zu harten Maßnahmen. Das zerstört die

Hoffnung auf einen baldigen Aufschwung." Selbst die Baubranche leide in nie dagewesenem Ausmaß.[26]

Marc Pitzke, New York, schreibt am 31. Juli im *Spiegel:* „Die US-Wirtschaft stürzt ab, die Techkonzerne aber boomen: Die Coronakrise verstärkt die Ungleichheit in Amerika – und droht, die Gesellschaft zu zerreißen."[27] Am 30. Juli veröffentlichte Wirtschaftsdaten machen deutlich, wer in der Wirtschaft durch die Krise am meisten leidet und wer am meisten davon profitiert. Zu den Gewinnern gehören Amazon, Apple, Google (Alphabet) und Facebook. Der Umsatz von Amazon steigt in der Krise um 40 Prozent auf fast 89 Milliarden Dollar. Facebook meldet 18,7 Milliarden mehr als im Frühjahr 2019.

Im Juni sinkt die Arbeitslosigkeit nach Angaben des Arbeitsministeriums von 21 Millionen = 13,3 Prozent im Mai auf 17,75 Millionen = 11,1 Prozent. Trotz der wieder steigenden Zahlen von Corona-Infizierten ist im Juli ein weiterer Rückgang der Arbeitslosigkeit auf 16 Millionen = rund 10 Prozent zu verzeichnen. 1,8 Millionen werden von Firmen neu eingestellt.[28] Andere Beschäftigte verlieren aber weiterhin ihren Arbeitsplatz. Noch immer stellt in jeder Woche mehr als eine Million einen Erstantrag auf Arbeitslosenhilfe. Es betrifft vor allem Schwarze und Latinos sowie Beschäftigte im Dienstleistungssektor. Jeder zweite Haushalt muss Einkommensverluste hinnehmen. Etwa in jedem zehnten gibt es nicht mehr genug zu essen. Ohne die am 31. Juli zu Ende gehende Bundeshilfe von bisher bis zu 600 Dollar pro Woche sind Arbeitslose im Schnitt auf rund 330 Dollar pro Woche angewiesen. Republikaner und Demokraten können sich bis jetzt im Kongress über eine Fortsetzung dieser für viele lebenswichtigen Maßnahme nicht einigen. Der Text zum Foto mit einer langen Menschenschlange in einem Artikel des *Spiegels* lautet: „Wie in den Dreißigerjahren: Hungernde vor einer kirchlichen Essensausgabe in Minneapolis".[29] Wie die *Frankfurter Allgemeine Zeitung* berichtet, hat eine Gruppe renommierter amerikanischer Wissenschaftler eine Studie vorgelegt, der zufolge in den kommenden Monaten 30–40 Millionen Mieter zwangsweise ihre Wohnungen verlieren könnten, weil sie nicht mehr in der Lage sind, die Miete zu bezahlen. Auch zahlreiche Immobilien-Besitzer werden ihren Kreditzahlungen nicht mehr nachkommen können.[30] Auf die existentiellen Probleme für viele weisen die Redner bei der Trauerfeier des Mitte Juni verstorbenen demokratischen Kongressabgeordneten und Helden der Bürgerrechtsbewegung John Lewis hin. Jim Lawson, ein Weggefährte von Martin Luther King, Jr., erklärt: „Wir werden nicht schweigen, solange unsere Wirtschaft von einem Plantagen-Kapitalismus geprägt ist, der weiterhin Vorherrschaft und Kontrolle schafft statt Freiheit und Gleichheit."[31]

*

Noch einmal die Bilanz Ende Juli 2020:

4,6 Millionen Corona-Infizierte
153.000 Tote, an oder im Zusammenhang mit Corona gestorben
16 Millionen Arbeitslose
32,9 Prozent Schrumpfung des Bruttoinlandprodukts im zweiten Quartal

Quellen

1 https://www.tagesschau.de/kommentar/trump-usa-protest-101.html, Tagesschau, Proteste in den USA. Was Trump da macht, ist widerlich, 02.06.2020, 08:24 Uhr.

2 https://www.morgenpost.de/politik/article229239154/george-floyd, *Berliner Morgenpost*, USA-Newsblog, Schwarzer erhängt aufgefunden – US-Polizei untersucht Fall, 17.06.2020, 11:50 Uhr.

3 https://www.fuw.ch/article/us-industrie-erholt-sich-etwas, Finanz und Wirtschaft, Märkte/Makro, Erneut mehr Arbeitslose als erwartet, 25.06.2020, 15:47 Uhr.

4 Ebenda.

5 Ebenda und: https://www.berliner-zeitung.de/wirtschaftsverantwortung/154millionen-neue-arbeitslose-in-den-usa, *Berliner Zeitung*, 1,54 Millionen neue Arbeitslose in den USA wegen Corona-Krise, 11.06.2020, 15:50 Uhr; https//www.Handelsblatt.com/politik/konjunktur/nachrichten/us-arbeitsmarkt, *Handelsblatt*, Trump feiert einen Triumph am Arbeitsmarkt: „Die Zahlen sind unglaublich", 05.06.2020, Update: 06.06.2020, 01:07 Uhr.

6 Siehe: Anmerkung 5, *Handelsblatt*.

7 https://de.statista.com/statistik/daten/studie/1103602/umfrage-entwicklung-der-fallzahlen-des-coronavirus.

8 Ebenda.

9 https://www.rnd.de/politik/joe-biden-haelt-die-rede-die-man-von-trump-vermisst, *RND Redaktionsnetzwerk Deutschland*, George Floyd. Zwischen Corona und Unruhen – der Schattenpräsident, 03.06.2020, 18:30 Uhr.

10 https://www.spiegel.de/politik/deutschland/fall-george-floyd-die-rede-von-joe-biden, *Der Spiegel*, Die Rede des Anti-Trump, 02.06.2020, 18:18 Uhr.

11 https://www.faz.net/aktuell/politik/ausland/beisetzung-von-george-floyd, *Frankfurter Allgemeine Zeitung*, Bidens Kontrastprogramm zu Trump, 09.06.2020, 05:58 Uhr.

12 Ebenda.

13 https://www.zeit.de/politik/ausland/2020-06/donald-trump-wahlkampf, Zeit Online. Donald Trump. Eher Kriegserklärung als Wahlkampf, 21.06.2020, 08:14 Uhr.

14 https://www.derstandard.de/story/2000118596607/trump-veranstaltung-„sehr-wahrscheinlich"-mitschuldig-an-corona-welle-in-tulsa, *Der Standard*, Wien, Trump-Veranstaltung „sehr wahrscheinlich" mitschuldig an Corona-Welle in Tulsa, 09.07.2020, 09:55 Uhr.

15 newsletter@fabianreinbold.de, Fabian Reinbold, Post aus Washington, 03.07.2020.

16 Ebenda.

17 Offizieller Text der Rede: https://www.whitehouse.gov/briefings/statements/remarks-president-trump-at-south-dakota2020-mount-rushmore.

18 https://www.thunertagblatt.ch/amerika-zahlt-den-preis-fuer-trumps-unabhaengigkeitstag-in-den-usa, *BZ Thuner Tagblatt*, Weltmacht in Trümmern, 04.07.2020, 23:08 Uhr.

19 https://www.faz.net/aktuell/politik/ausland/rede-kampagne-zur-ausloeschung-unserer-geschichte, *Frankfurter Allgemeine Zeitung*, Trump-Rede. Kampagne zur Auslöschung unserer Geschichte, 04.07.2020, 10:30 Uhr.

20 https://www.spiegel.de/politik/ausland/donald-trump-am-unabhaengigkeitstag, *Der Spiegel*, 05.07.2020, 08:44 Uhr.

21 Michael Tomasky, Biden auf dem Weg nach links, in: *Blätter für deutsche und internationale Politik*, Heft 8/20, S. 55.ff.

22 Ebenda.

23 Zahlen der *Johns Hopkins University,* zitiert nach: Statista, https://de/statista.com/statistik/daten/studie/1103602/umfrage/entwicklung-der-fallzahlen-des-coronavirus.

24 Ebenda.

25 https://www.focus.de/finanzen/boerse/dax-der-naechste-daempfer-zeichnet-sich-ab, Focus, Dax: Nach Konjunktur-Schock in den USA zeichnet sich der nächste Dämpfer ab, 06.08.2020, 07:06 Uhr.

26 https://www.swp.de/wirtschaft/corona-usa-aktuell-wirtschaft-vor-erneutem-einbruch, Südwest Presse Online, 03.08.2020,16:36 Uhr.

27 https://www.spiegel.de/wirtschaft/us-wirtschaft-stuerzt-ab-doch-tech-branche-boomt, *Der Spiegel*, Crash, Boom-Bang? 31.07.2020, 10:18 Uhr.

28 Siehe Anmerkung 23 und: https://www.manager-magazin.de/politik/weltwirtschaft/erneut-mehr-als-eine-million-arbeitslose-in-den-usa.

29 Siehe Anmerkung 27.

30 https://www.faz.net/aktuell/wirtschaft/folgen-der-corona-pandemie:die-usa-steckt-fest-in-der-krise, *Frankfurter Allgemeine Zeitung*, Amerika steckt tief in der Krise, 07.08.2020, 17:22 Uhr.

31 Siehe Anmerkung 27.

9. Zwei Nominierungsparteitage – virtuell:

Democratic National Convention und *Republican National Convention,*

August 2020

Ursprünglich soll der Nominierungsparteitag der Demokratischen Partei vom 17. bis zum 20. August in Milwaukee, Wisconsin, stattfinden. Die Ziele sind: Einigkeit zu demonstrieren und sich als Alternative zu Trump sowie als politische Kraft der Mitte zu positionieren. In diesem Sinn lautet das Motto: Amerika vereinen! Geplant ist ein Parteitag, wie üblich, als Mega-Event, mit Tausenden von Teilnehmern, mit Beifallsstürmen, Gekreisch und Buh-Rufen, Konfetti-Regen und Massen von Luftballons, alles in Volksfeststimmung. Die Corona-Pandemie aber verhagelt das. Es wird ein virtueller Parteitag. Die Rednerinnen und Redner bieten ihre Beiträge als Videobotschaften an, aufgenommen meist in ihren Wohnungen. In einem TV-Studio werden diese dann zusammengefügt und an vier Abenden jeweils von 21:00 bis 23:00 Uhr New Yorker Zeit landesweit ausgestrahlt. Es ist eine durchkomponierte Show unter dem Titel „Parteitag in ganz Amerika“, moderiert von einer bekannten Schauspielerin. Neben den Partei-Granden kommen auch einfache Bürgerinnen und Bürger aus den verschiedenen Schichten der Bevölkerung zu Wort. Außerdem werden Auftritte von Künstlern und nationale Denkmäler eingeblendet. Und doch: Es bleibt eine nüchterne Veranstaltung, ohne die übliche Euphorie und Dynamik. Das *Handelsblatt* kommentiert, „ohne Live-Publikum, zusammengefügt in einem Fernsehstudio", fühlt sich der Parteitag „in etwa so mitreißend an wie ein Telekolleg aus den 70ern".[1] In anderen Medien ist die Rede von einem Tech-Spektakel, einer Kombination aus Netflix und Facebook, geboten in einer temporeichen Inszenierung, die an die Übertragung von Sportveranstaltungen erinnert. Das Interesse an den Sendungen ist allerdings geringer als beim Nominierungsparteitag 2016, wie die Einschaltquoten deutlich machen.

Die Rednerliste ist lang. Außer den zwei Hauptpersonen Joe Biden und Kamala Harris sprechen Michelle Obama und Bernie Sanders zur Eröffnung. Ihnen folgen u.a. Barack Obama, Bill und Hillary Clinton, der Gouverneur des Bundesstaates New York Andrew Cuomo, der Republikaner, ehemaliger Gouverneur von Ohio, John Kasich, die Gouverneurin von Michigan Gretchen Whitmer und die Vertreterin der jungen, dynamischen Linken Alexandria Ocasio-Cortez.[2] Das Gemeinsame aller Botschaften lautet: Trump muss weg! Wenn er weitere vier Jahre im Amt bleiben sollte, wäre das eine Katastrophe. Er würde das Land weiter spalten und völlig ruinieren. Die Wahl von 2020 ist eine Schicksalswahl. Sie wird die Entwicklung der USA für lange Zeit bestimmen. Nur Joe Biden und, nach ihrer Nominierung als Kandidatin für die Vizepräsidentschaft, Kamala Harris können die Nation retten und ihre Spaltung überwinden. Einige Kernsätze der Rednerinnen und Redner: Michelle Obama spricht leidenschaftlich über Empathie und Werte in der Politik. Joe

Biden wird von ihr als ein zutiefst anständiger Mensch charakterisiert. Bernie Sanders fordert, anders als 2016, vor allem die Linken nachdrücklich dazu auf, den gemeinsamen Kandidaten Biden zu unterstützen und zu wählen. Er wiederholt die linken Forderungen nach tiefgreifenden sozialen Reformen. Barack Obama erklärt, der Präsident müsse der Hüter der Demokratie sein, durch Trump aber sei sie in Gefahr. Bill Clinton betont die wirtschaftliche Kompetenz von Biden. Zusammen mit Obama, als dessen Vize, habe er maßgeblich dazu beigetragen, die Finanzkrise 2007–2009 zu überwinden. Alexandria Ocasio-Cortez spricht über die Brutalität eines Wirtschaftssystems, das einen unglaublichen Reichtum weniger auf Kosten aller anderen ermöglicht.

Im Mittelpunkt des Parteitages stehen die Reden von Joe Biden und Kamala Harris nach ihren Nominierungen. Harris wird am 11. August auf Vorschlag Bidens als Kandidatin für die Vizepräsidentschaft gekürt. In ihrer Nominierungsrede, gehalten in Wilmington, Delaware, der Heimat von Biden, greift sie Trump mit großer Schärfe an. Sie wirft ihm völliges Versagen vor. Seine desaströse Politik vor allem seit dem Beginn der Corona-Pandemie hätten sehr viele Menschen mit ihrer Existenz und sogar mit ihrem Leben bezahlt. Er habe die USA in die schlimmste Wirtschaftskrise seit der Weltwirtschaftskrise von 1929 bis 1933 gestürzt. In starkem Maße trage er die Verantwortung für Rassismus, Gewalt und Ungerechtigkeit im Land. Joe Biden werde als Präsident die Nation wieder vereinen. Die Wahl biete die Chance für eine bessere Zukunft.

Die Nominierung von Kamala Harris löst bei den Anhängern und Sympathisanten der Demokratischen Partei Zustimmung und Begeisterung aus. Begrüßt wird, dass mit ihr erstmals eine schwarze Frau für dieses hohe Amt vorgesehen ist. Betont wird, dass es sich bei ihr um die Tochter von Einwanderern handelt: der Vater ein Wirtschaftsprofessor aus Jamaika, die Mutter eine Medizinerin aus Indien. Kamala stehe für eine Kultur des Multi-Kulti. *CNN* meint, sie verkörpere Hoffnung und Optimismus.[3] Die *New York Times* veröffentlicht zahlreiche Leserbriefe über sie: Darin heißt es u.a.: Sie gibt mir Mut, in großen Dimensionen zu träumen; – Sie weckt Hoffnungen; – Es ist höchste Zeit, dass so eine Person für dieses Amt nominiert wird; – Das ist ein guter Tag für dieses Land.[4] *Zeit ONLINE* schreibt: Bidens Kampagne erhält durch Harris „Charisma, Witz, Fokusierung und Angriffslust" und titelt: „Die Frau, die ihn (Biden) stärker macht"; rhetorisch und analytisch sei sie ihm überlegen.[5] In einer ganzen Reihe von Medien wird spekuliert: Bei der Wahl 2024 oder bei einem frühzeitigen Ausscheiden von Biden aus dem Amt könnte sie die Chance haben, als eine Schwarze die erste Präsidentin der USA zu werden.

Es gibt aber auch kritische Stimmen zu ihrer Nominierung. Als eine *tough* Generalstaatsanwältin von Kalifornien habe sie einige Male fast wie eine Vertreterin von *Law and Order* agiert. Sie habe zwar eine schwarze Haut, da sie ihre Wurzeln aber nicht in Afrika habe und keine Nachfahrin von Sklavinnen und Sklaven sei, könnte ein Teil der Afro-Amerikaner Vorbehalte gegen sie haben. Negativ registriert wird, dass sie im Vorwahlkampf einen alten weißen Mann, Joe Biden, übermäßig hart angegriffen und gedemütigt habe.[6] Ferner heißt es, im Vorwahlkampf von 2019 habe sie eine ziemlich schlechte Figur abgegeben, sodass sie frühzeitig aus dem Rennen ausscheiden musste. Außerdem sei noch gar nicht klar, welche spezifischen Wählergruppen sie, eine Moderate wie Biden, ansprechen werde.

Die wichtigste Rede hält Joe Biden am letzten Tag nach seiner Nominierung. Wie er betont, wolle er der Präsident aller Amerikanerinnen und Amerikaner sein, auch derjenigen, die ihn nicht wählen werden. Fast wie ein Prophet des Alten Testaments beschwört er die Wählerinnen und Wähler: Die Auseinandersetzung zwischen ihm und Trump ist ein Kampf zwischen Licht und Finsternis. Er verspricht, das Land für mögliche weitere Wellen der Virus-Pandemie zu rüsten und eine große Zahl neuer Arbeitsplätze zu schaffen. Im Unterschied zu Trump will er entschieden gegen den Klimawandel vorgehen. Mit seiner Ankündigung, für einen höheren Mindestlohn und generell für höhere Löhne sowie für eine Ausweitung der Krankenversicherung einzutreten, übernimmt er Forderungen der Linken der Partei. Sein Versprechen: Er stehe für einen Neubeginn, für einen Weg der Hoffnung.[7]

Die meisten Kommentare zum Nominierungsparteitag sind nicht gerade euphorisch. Die *New York Times* ist der Ansicht: „Bislang hat Biden nur wenige konkrete Pläne vorgelegt.“[8] Noch kritischer ist die Trump nahe stehende *New York Post:* Der Parteitag hat kein wirkliches Leitmotiv. Alt und jung, progressiv und superprogressiv, links und links-außen , schwarz und weiß, asiatisch, latino und indigen, alle hatten etwas zu sagen. Unklar aber bleibt, wofür die Partei wirklich steht.[9] Von anderen kritisiert wird, dass die Vertreterin der jungen, dynamischen Linken Alexandria Ocasio-Cortez von der Regie des Parteitags nur eine Redezeit von 60 Sekunden bekam. Jörg Wimalasena, New York, meint in *ZEIT ONLINE* dazu: Die Demokraten wollen geschlossen in den Wahlkampf ziehen. Der Parteitag kann die Spaltung der Partei aber kaum verdecken. Die Oberen halten den progressiven Nachwuchs klein. „Grob gesagt, besteht die Partei derzeit aus einem eher konservativen Establishment und einem progressiven Aktivistenflügel." Das Establishment will nur kleinere, schrittweise Reformen mit möglichst wenig Widerstand aus der Wirtschaft und vonseiten der Republikaner. Der progressive Flügel dagegen, der mit dem Auftreten von Bernie Sanders im Wahlkampf von 2016 klare Konturen bekommen hat, tritt für Veränderungen ein, die das gegenwärtige politische System erschüttern würden. „Eine Kurskorrektur des jahrzehntelangen Rechtsschwenks der Demokraten ist selbst angesichts der aktuellen positiven Umfragewerte nahezu ausgeschlossen." Die demokratische Kongressabgeordnete Rashida Tlaib, die gegen die Wahlplattform des Parteitags stimmt und Biden nicht unterstützen will, geht noch einen Schritt weiter: Die Nominierung der Moderaten Kamala Harris sei ein „zusätzlicher Affront gegen den linken Flügel. Es wirkt, als wollten die Parteioberen die progressiven Kräfte nicht integrieren, sondern an den Rand drängen."[10]

Der Nominierungsparteitag entscheidet sich dafür, dem Wunsch des Establishments entsprechend, die Partei etwas, aber nicht zu weit nach links zu rücken, für moderate Reformen einzutreten, letztlich aber doch den gesellschaftlichen Status quo nicht anzutasten, obwohl der von immer weniger Amerikanerinnen und Amerikanern als positiv empfunden wird. Die Wahl am 3. November wird zeigen, ob diese Entscheidung, sowohl für die Linke als auch die Mitte wählbar zu sein, richtig war.

Bei der Kommentierung des Parteitags der Demokraten fällt Trump kaum noch etwas Neues ein. Er verwendet die Verdrehungen, Lügen, Halbwahrheiten und Verleumdungen, deren er sich schon lange vorher bedient hatte. Unterstützt wird er dabei von *Fox News,* mit denen er aber auch nicht mehr so richtig zufrieden ist. In seinem apokalyptischen Zerrbild von den USA nach einem Wahlsieg der Demokraten werden diese die Wirtschaft ruinieren, den Sozialismus einführen, die Polizei abschaffen, Migranten massenweise ins Land lassen und dieses in ein totales Chaos stürzen. Zu Kamala Harris fällt ihm nichts anderes ein als zu behaupten, sie sei keine richtige Amerikanerin, obwohl eindeutig feststeht, dass sie 1964 in Kalifornien geboren wurde. Einige Jahre vorher gehörte er bekanntlich zu jenen, die von Barack Obama behauptet hatten, er sei kein US-Bürger. Von besonderer Pikanterie ist ein Satz von *Fox News* zur Parteitagsrede von Alexandria Ocasio-Cortez: „Hat sie gerade die Nominierung des Bolschewiken (sic!) Bernie (Sanders)unterstützt?“ [11]

*

Der Parteitag der Republikaner war für die vier Tage vom 24. bis zum 27. August geplant. Stattfinden sollte er in Charlotte, North Carolina. Er wird aber Corona-bedingt zu einer vorwiegend virtuellen Veranstaltung. Wie bei den Demokraten in der Woche davor erreichen die Rednerinnen und Redner das Publikum mit ihren Videobotschaften vor allem über den Bildschirm der Fernsehgeräte oder bei einer Art von *Public Viewing.* Das übliche Mega-Event muss wie bei dem Parteitag der Demokraten dem Virus geopfert werden. Die Veranstaltung ist völlig auf die Person von Donald Trump ausgerichtet. Roland Nelles schreibt aus Washington: „Parteitag der Republikaner. Das Programm lautet: Trump, Trump und noch mal Trump.“[12] – Er wird noch am ersten Tag als Präsidentschaftskandidat seiner Partei nominiert. Die Nominierungsrede ist als Abschluss geplant und soll im Rosengarten des Weißen Hauses stattfinden.

Kurz vorher veröffentlicht das Wahlkampfteam Trumps ein Papier mit Grundlinien einer zweiten Amtszeit des Kandidaten. Darin wird u.a. ein härteres Vorgehen gegen illegale Migranten angekündigt. Die Polizei müsse gestärkt und „extremistische Gruppen“ müssten energischer verfolgt werden. Die Preise für Medikamente seien zu senken. In der Außenpolitik, die in Wahlkämpfen erfahrungsgemäß eine geringere Rolle spielt, soll *America First* weiterhin die Leitlinie sein. Die Verbündeten müssten, wie schon vorher, gedrängt werden, einen größeren Beitrag für Militär und Rüstung zu leisten.

Die Liste der Rednerinnen und Redner ist lang. Das meiste, was gesagt wird, mutet absurd und abenteuerlich an. Gleich zu Beginn werden zwei Familienmitglieder ins Rennen geschickt. Melania Trump stellt ihren Gatten als Musterbeispiel eines ehrlichen, aufrechten Menschen dar. Der älteste Sohn Trumps, Donald Trump, Jr., greift vor allem Joe Biden an. Dieser sei der Wunschkandidat Chinas. Er wolle die USA wirtschaftlich weltweit schwächen.[13] Der Kongressabgeordnete Steve Scalise aus Washington geht aufs Ganze: Am 3. November müssen die Wählerinnen und Wähler entscheiden „zwischen einer Partei, die das Fundament unseres Landes niederbrennen will, und einer Partei, die unsere großartige Nation wieder aufbauen und schützen will". Joe Biden stehe für eine sozialistische Utopie und Kamala Harris strebe eine Kulturrevolution an, meint Senator Tim Scott. Nikki Haley, ehemalige amerikanische Botschafterin bei den Vereinten Nationen, rühmt die außenpolitische Kompetenz Trumps. Er vertrete eine harte Politik gegenüber China und habe die Terrormiliz IS besiegt. Der Abgeordnete Matt Gaetz prophezeit in seiner Videobotschaft, eine Präsidentschaft Biden werde ein einziger Horrorfilm sein.[14] Zu den prominenten Rednerinnen und Rednern gehört auch die Gouverneurin von South Dakota, Kristi Noem. In ihrer Sicht sind die Demokraten voll verantwortlich für die Gewalt: „Von Seattle und Portland bis nach Washington und New York – von Demokraten regierte Städte im ganzen Land werden von gewalttätigen Banden überrannt. Die Gewalt ist zügellos." Für Michael Meltale, Präsident einer Gesellschaft, in der alle Polizeieinheiten vertreten sind, gibt es keinen Zweifel: Am 3.November wird entschieden zwischen einem Präsidenten, der die Strafverfolgungsbehörden unterstützt wie keiner vor ihm und einem anderen, der der größte Gegner der Polizei in der gesamten Geschichte der USA ist.[15]

Auch weniger prominente Rednerinnen und Redner dürfen Trump lobpreisen und die Demokraten schmähen und verteufeln. Eine seiner Freundinnen, Kimberly Guilfoyle, befürchtet das Allerschlimmste, wenn Biden die Wahl gewinnen sollte. Dem Ehepaar Patricia und Mark McCloskey aus Missouri wird die Ehre eines Auftritts zuteil, weil sie Ende Juni Demonstranten der *Black Lives Matter*-Bewegung mit einem Sturmgewehr und einer Pistole bedroht hatten. Ihr Bericht im lokalen TV-Sender:

„Wir hatten Angst, dass wir innerhalb von Sekunden ermordet werden, unser Haus niedergebrannt und unsere Haustiere getötet werden. Wir standen ganzallein einem wütenden Mob gegenüber." Die Regisseure des Parteitags brachten das Video dieses wahrlich erschütternden Berichts im Rahmen des Eröffnungsprogramms. Cissi Graham, eine Enkelin des verstorbenen Evangelisten Billy Graham, preist Trump als Verfechter der Religionsfreiheit. Die Demokraten aber sind für sie die Ursache für alle unchristlichen Übel dieser Welt. Der 18-jährige Nicholas Sandman aus Kentuckey spricht im Namen der Abtreibungsgegner und Medienkritiker.[16] Zu einem Höhepunkt wird die Rede von Ivanka Trump, der Tochter, gehalten zum Abschluss des Parteitags, vor der Nominierungsrede von Trump. Sie versucht, etwas weniger aggressiv und geschmeidiger als ihre Vorredner die Politik ihres Vaters zu begründen und zu rechtfertigen. Aber auch für sie gilt natürlich: Nach vier Jahren Donald Trump im Weißen Haus ist Washington besser geworden als es vorher war.

Mike Pence hält seine Rede nach der Nominierung als Kandidat für die Vizepräsidentschaft in Fort McHenry in Baltimor. Er behauptet, die Demokraten seien nicht in der Lage, die Sicherheit der Bürgerinnen und Bürger zu garantieren. Danach wiederholt er nur das, was an den vorangegangenen Tagen von anderen schon unisono vorgetragen worden war. Und natürlich ist Trump für ihn der größte aller Präsidenten. Als dessen wichtigste Leistungen nennt er: den Umzug der US-Botschaft nach Jerusalem; die Reform der Strafverfolgung; die Besetzung freigewordener Stellen im Obersten Gericht mit konservativen Richtern und die starke Unterstützung der Polizei. Das spezielle

Anliegen von Pence ist es, die fundamentalistischen Christen, die Evangelikalen, anzusprechen.[17]

Am Donnerstag, dem 27. August, hält Trump seine Nominierungsrede auf dem Südrasen des Weißen Hauses. Das ist schon eine Provokation, denn der Präsident darf seinen Amtssitz nicht für den Wahlkampf nutzen. Anwesend sind etwa 1.500 handverlesene Gäste, die auf Stühlen eng aneinander sitzen. Nur wenige tragen eine Maske. Er beginnt, wie nicht anders zu erwarten, mit einem großen Lob seiner Amtszeit: „Vier unglaubliche Jahre liegen hinter uns." Dabei ist er sich offenkundig nicht darüber im Klaren, das „unglaubliche Jahre" nicht nur positiv für ihn verstanden werden kann. Die Rede wird von den amerikanischen TV-Stationen direkt übertragen. In Deutschland kann man sie über ARD und Phoenix verfolgen.

Da gibt es eine Behauptung, die wirklich *unglaublich* ist: „Ich sage mit großer Bescheidenheit, dass ich mehr für die afroamerikanische Community getan habe, als jeder Präsident seit Abraham Lincoln." Dann geht er dazu über, seinen Herausforderer Joe Biden aus vollem Rohr zu attackieren. Dieser sei nicht der Retter der amerikanischen Seele. Sollte er die Wahl gewinnen, werde er „der Zerstörer der amerikanischen Großartigkeit" sein. Den moderaten Demokraten Biden erklärt er wieder einmal zum Vertreter einer radikalen Linken. Er trage Verantwortung für den Verlust von Arbeitsplätzen in Michigan, Ohio, Pennsylvania und anderen Bundesstaaten. Er habe sich als Feind vor allem der Autoindustrie erwiesen. Die Wahl am 3. November sei die wichtigste in der gesamten Geschichte der USA. Die Wählerinnen und Wähler müssten sich entscheiden zwischen zwei Parteien, zwei Visionen und zwei Philosophien. Bei der Wahl gehe es darum, „ob wir den amerikanischen Traum retten oder ob wir zulassen, dass eine sozialistische Agenda unsere hochgeschätzte Bestimmung zerstört." Die Demokraten würden bei einem Sieg die Industrie des Landes vernichten und Millionen von Jobs ins Ausland verlagern. Gesetzestreue Amerikaner würden nicht mehr geschützt. Gewalttätige Anarchisten, Agitatoren und Kriminelle bekämen freie Hand. Trump scheut sich nicht, sein miserables Management in der Corona-Pandemie als Erfolg hinzustellen, und das zu einem Zeitpunkt, als fast 6 Millionen infiziert und mehr als 180.000 gestorben sind. Vor allem versucht er, mit Fragen der inneren Sicherheit zu punkten. Nur er könne das Land vor der Anarchie der Demokraten bewahren.[18]

*

In der ersten und zweiten Augusthälfte gehen die Zahlen der mit dem Coronavirus Neuinfizierten verglichen mit denen der zwei Julihälften deutlich zurück. Auch die Zahlen für den gesamten Monat August – rund 1,4 Millionen – sind niedriger als die für Juli – rund 1,8 Millionen -. Verglichen mit dem ersten Höhepunkt der Pandemie im April ergibt sich aber ein anderes Bild. Die Gesamtzahl der Neuinfizierten im April betrug rund 875.000, die im August aber rund 1,4 Millionen, ist also sehr viel höher. Die Zahl der an oder in Verbindung mit Corona Gestorbenen ist im August mit rund 29.000 niedriger als im April mit rund 55.000.

Die Gesamtzahl der Infizierten liegt am 31. August 2020 bei mehr als sechs Millionen. Die Zahl der Toten nähert sich den 200.000.

Die Zahlen der Infizierten und Toten
(kumuliert, Gesamtzahl) [19]

	Infizierte	**Tote**
01.06.	1.811.277	104.854
15.06.	2.115.079	116.191
16.06.	2.137.731	116.963
30.06.	2.636.856	127.425
01.07.	2.686.587	128.062
15.07.	3.499.158	137.420
16.07.	3.576.255	138.360
31.07.	4.562.133	153.056
01.08.	4.621.569	153.897
15.08	5.361.254	169.481
16.08.	5.403.361	170.052
31.08.	6.031.287	183.597

Die Zahlen der Neuinfizierten und Toten im Vergleich
(jeweils ein halber Monat) [20]

	Infizierte	**Tote**
01.–15. März	1.616	39
16.–31. März	160.896	3.101
	162.512	**3.140**
01.–15.April	419.607	21.978
16.–30. April	455.359	32.871
	874.966	**54.849**
01.–15. Mai	286.859	20.153
16.–31. Mai	321.708	16.604
	608.567	**36.757**

	Infizierte	Tote
01.–15. Juni	303.802	11.337
16.–30. Juni	499.125	10.462
	802.927	**21.799**
01.–15. Juli	812.571	9.358
16.–31. Juli	985.878	14.696
	1.798.449	**24.054**
01.–15. August	739.685	15.584
16.–31. August	627.926	13.545
	1.367.611	**29.129**

*

Mit der Wirtschaft geht es im August wie schon im Juli, trotz nach wie vor hoher Zahlen von Corona-Neuinfektionen, weiterhin leicht aufwärts. Die Auftragseingänge für langlebige Güter steigen stärker an als von vielen erwartet. Das gilt als ein wichtiger Indikator für die Entwicklung der Wirtschaft, nicht zuletzt auch für die Investitionstätigkeit der Unternehmen. Die hohe Zahl der Neuinfektionen bleibt aber eine ernste Gefahr für die Wirtschaft: Die nach wie vor hohe Arbeitslosigkeit dämpft die Nachfrage nach vielen Waren und Dienstleistungen.

Während im Februar, vor dem Beginn der Pandemie, die Arbeitslosigkeit auf einem historischen Tiefstand von 3,5 Prozent = 5,79 Millionen liegt, steigt sie im April, Höhepunkt der ersten Corona-Welle, auf 14,7 Prozent = 13,55 Millionen. Danach geht sie vier Monate in Folge leicht zurück. Im August beträgt sie dann 8,4 Prozent = 13,55 Millionen (nach Angaben des US-Arbeitsministeriums).

Anzahl der Arbeitslosen von Februar bis August 2020[21]

Februar	5,79	Millionen	3,5	Prozent
März	7,14	"	4,32	"
April	23,08	"	14,7	"
Mai	20,99	"	13,3	"
Juni	17,75	"	11,1	"
Juli	16,34	"	10,2	"
August	13,55	"	8,4	"

Im August sinkt die wöchentliche Zahl der Erstanträge auf Arbeitslosenhilfe zum ersten Mal seit März auf unter eine Million: Inder Woche vom 3. zum 7. August stellen 963.000 einen solchen Antrag, d.h., es gibt eine leichte Stabilisierung des Arbeitsmarktes. Vor der Pandemie hatte die Zahl allerdings selten über 100.000 gelegen. Seit ihrem Beginn stellten insgesamt mehr als 40 Millionen einen Erstantrag auf Arbeitslosenhilfe.

Die US-Behörde für Arbeitsmarktstatistik erklärt, die Verbesserung auf dem Arbeitsmarkt widerspiegle die Wiederaufnahme der wirtschaftlichen Aktivität. Neue Jobs seien u.a. im öffentlichen Sektor geschaffen worden, ferner in Sektoren wie Einzelhandel, Gastronomie, Freizeit, Bildung und Gesundheit. Laut US-Arbeitsministerium gibt es im August 1,4 Millionen neue Arbeitsplätze. Während der Pandemie gingen mehr als 22 Millionen Jobs verloren, von denen bisher rund die Hälfte zurückgewonnen wurde. Wie das Arbeitsministerium Ende August mitteilt, beziehen zurzeit rund 29 Millionen irgend eine Form von Arbeitslosengeld.[22] Da sich Demokraten und Republikaner im Kongress nicht über eine Fortsetzung des Zuschusses zum Arbeitslosengeld in Höhe von 600 Dollar pro Woche einigen können, ordnet Trump per Dekret eine Reihe von Hilfsmaßnahmen an, natürlich mit dem Blick auf den Wahlkampf. Dazu gehören u.a. eine Weiterzahlung des bisherigen Zuschusses, allerdings nicht mehr in Höhe von 600, sondern nur noch von 400 Dollar. Ferner werden ein gewisser Schutz von Mietern vor Zwangsräumungen geschaffen und die Fristen für die Rückzahlung von Studiendarlehen verlängert.

*

Der Wahlkampf geht weiter. Nach verschiedenen Umfragen zu urteilen, liegt Biden weiterhin mehrere Prozentpunkte vor Trump. Nach den schweren Fehleinschätzungen bei den Wahlprognosen 2016 ist allerdings Zweifel an der Zuverlässigkeit der Zahlen geboten. Sollte sich die Wirtschaft in den noch verbleibenden zwei Monaten September und Oktober weiterhin einigermaßen positiv entwickeln, die Arbeitslosenzahl dem entsprechend sinken und die Zahl der Corona-Neuinfektionen weiter zurückgehen, könnten die Chancen für eine Wiederwahl Trumps wieder steigen. Außerdem ist nicht auszuschließen, dass weitere Krawalle am Rand von Protestdemonstrationen Wählerinnen und Wähler vor allem der Mitte dazu bringen, ihre Stimme Trump als Vertreter von *Law and Order* zu geben.

Die Post gerät in den Strudel des Wahlkampfs. Diskutiert wird, ob sie in der Lage ist, die Masse der Stimmzettel von Briefwählern – es könnten etwa 80 Millionen werden – ordnungsgemäß und rechtzeitig bei den Wahlbüros abzuliefern. Trump behauptet, das sei nicht möglich. Die Briefwahl werde zum größten Wahlbetrug in der Geschichte der USA führen. Die Demokraten dagegen sind überzeugt, dass die Post mit dem Problem fertig werden wird. – Trump ruft die Briefwähler seiner Partei dazu auf, am 3. November in die Wahlbüros zu gehen und eventuell ein zweites Mal abzustimmen. Nach starkem Protest selbst von Republikanern rudert er zurück. Er habe nicht zu einer zweiten Stimmabgabe aufgerufen. Die Briefwähler sollten nur überprüfen, ob ihr Votum wirklich registriert ist.

Quellen

1 https://www.*Handelsblatt*.com/politik/international/us-wahlkampf-demokraten-gelingt-auf-parteitag-schultertschluss, *Handelsblatt*, „Trump ist der falsche Präsident für unser Land" – Demokraten gelingt der Schulterschluss, 18.08.2020, 08:27 Uhr.

2 https://edition.*CNN*.com/politics/live-news/dnc-2020-day-1/index.html, *CNN*, Democratic National Convention 2020: Day 1, 18.08.2020.

3 https://editio.*CNN*.com/2020/08/13/politics/kamala-harris-joe-biden-running-mate-choise, *CNN*, Kamala Harris just showed why Biden chose her as Running Mate, 13.08.2020.

4 https://www.nytimes.com/2020/08/15/opinion/kamala-harris-vice-president, *The New York Times*, Kamala Harris's Nomination is Everything for Me, 15.08.2020.

5 https://www.zeit.de/politik/ausland/2020-08/kamala-harris-joe-biden, *ZEIT-ONLINE*, Kamala Harris. Die Frau, die ihn starker macht, von Klaus Brinkbäumer, New York, 12.08.2020, 07:25 Uhr.

6 https://www.faz.net/aktuell/politik/ausland/kamala-harris-eine-frau-fuer-recht-und-ordnung, *Frankfurter Allgemeine Zeitung*, Kamala Harris. Eine Frau für Recht und Ordnung, von Julius Bender, 17.08.2020, 18:20 Uhr.

7 https://www.spiegel.de/politik/ausland/joe-biden-kamala-harris-amerika-schreit-nach-fuehrung, *Der Spiegel*, Amerika schreit nach Führung, 13.08.2020, 11:10 Uhr.

8 https://www.deutschlandfunk.de/internationale-presseschau.2860, *Deutschlandfunk*. Die internationale Presseschau, 19.08.2020.

9 Ebenda.

10 https://www.zeit.de/politik/ausland/2020-08/usa-demokraten-partei-nur-donald-trump-haelt-sie-zusammen, *ZEIT ONLINE*, US-Demokraten. Nur Donald Trump hält sie zusammen, 19.08.2020, 11:19 Uhr.

11 https://www.rnd.de/politik/fox-news-wie-trumps-lieblingssender-den-parteitag-der-demokraten-zerredet, *RND, Redaktionsnetzwerk Deutschland*.

12 https://www.spiegel.de/politik/ausland/parteitag-der-republikaner-donald-trump-startet-sein, Parteitag der Republikaner. Das Programm lautet: Trump, Trump und noch mal Trump, von Roland Nelles.

13 https://www.spiegel.de/politik/ausland/donald-trump-republikaner-parteitag-nomimiert-us-praesidenten, *Der Spiegel*, Republikaner-Parteitag nominiert Trump – sein Sohn verunglimpft Biden, 25.08.2020, 04:37 Uhr.

14 Zitate nach: https://www.zeit.de/politik/ausland/2020-08/usa-republikaner-parteitag-zeichnet-duesteres-bild-von-bidens-demokraten, *ZEIT ONLINE*, 25.08.2020, 07:28 Uhr.

15 Zitate nach: https://www.tagesschau.de/ausland/republikaner-parteitag, *ARD, Tagesschau*, Parteitag der Republikaner. Wisconsin überschattet US-Wahlkampf, 27.08.2020, 08:16 Uhr.

16 Zitate nach: https://www.fr.de/politik/usa-republikaner-parteitag -donald-trumps-konservatives-gruselkabinett, von Christian Stör, 28.08.2020, 17:48 Uhr.

17 Siehe Anmerkung 15.

18 https://www.zeit.de/politik/ausland/2020-08/parteitag-der-republikaner..., *ZEIT ONLINE*, Parteitag der Republikaner. Donald Trump sieht USA durch „sozialistische Agenda" bedroht, 28.08.2020, 04:58 Uhr, aktualisiert 06.53 Uhr.

19 Zahlen der *Johns Hopkins University*, nach: Statista, https://de.statista.com/statistik/daten/studie/1103602/umfrage/entwicklung-der-fallzahlen-des-coronavirus. (Es handelt sich um die Zahlen, die jeweils kurz nach dem gegebenen Datum ausgewiesen wurden. Später erfolgten einige Korrekturen. Wegen Geringfügigkeit werden diese nicht übernommen.)

20 Ebenda.

21 https://de.statista.com/statistik/daten/studie/412605/umfrage/arbeitslosenzahl-in-den-usa.

22 https://www.tagesschau.de/wirtschaft/usa-arbeitsmarkt-107.html, *ARD, Tagesschau*, US-Wirtschaft. Arbeitslosenquote sinkt stärker als erwartet, 04.09.2020,15:51 Uhr.

10. Auf der Zielgeraden.

September und Oktober 2020

September

Am Beginn der heißen Phase des Wahlkampfs Anfang September, nach der Nominierung der beiden Präsidentschaftskandidaten, gibt es in Washington und im Land immer neue Spekulationen: Wie wird Trump reagieren, wenn er die Wahl verliert? Nach allen bisherigen Äußerungen von ihm dürfte feststehen, dass er nicht einfach gehen, sondern alle Möglichkeiten, alle legalen und auch illegalen Tricks nutzen wird, um im Amt zu bleiben. Schon bei der Wahl 2016 hatte er bekannt, er werde das Wahlergebnis anerkennen, wenn er gewinnt.

Da wird über verschiedene Varianten debattiert: Trump könnte die Wahl in einigen Bundesstaaten so manipulieren, dass es am 14. Dezember, wenn das *Electoral College* entscheiden muss, noch kein endgültiges Ergebnis gibt. Ferner wäre es möglich, dass einige Bundesstaaten bis zu diesem Termin ihre Wahlmänner und -frauen noch nicht benannt haben, weil nach wie vor über die Auszählung gestritten wird. Bei einer Niederlage wird er sicherlich behaupten, das Ergebnis sei durch Wahlfälschungen, besonders durch die Briefwahl, zustande gekommen. Andererseits drängt er darauf, dass das Wahlergebnis am Abend des Wahltags feststehen muss. Dabei hofft er, zu diesem Zeitpunkt einen Vorsprung zu haben, der bei der Auszählung der Briefwahlstimmen verloren gehen könnte. Offen ist schließlich, wie lang gezählt und wie lang dann vor Gerichten gestritten werden darf. Debattiert wird auch noch darüber, welche Stimme zählt und welche nicht. So wurde bei den Vorwahlen im Frühjahr mehr als eine halbe Million Briefwahlstimmen für ungültig erklärt. Die Gründe dafür waren u.a. eine falsche Frankierung; das Einlegen des Wahlzettels in den falschen Umschlag; ein unleserlicher Poststempel; die Briefe kamen Tage oder sogar Wochen zu spät an.[1] In einigen Bundesstaaten, in denen der Gouverneur bzw. die Gouverneurin der Partei angehört, die nicht die Mehrheit im Kongress hat, könnten zwei verschiedene Ergebnisse an das *Electoral College* gemeldet werden. Sollten durch unterschiedliche Zählweisen und unterschiedliche Urteile der Gerichte in den Bundesstaaten verschiedene Wahlergebnisse zustande kommen, müsste der *Supreme Court* entscheiden. Gäbe es im *Electoral College* Stimmengleichheit, würde das neu gewählte Abgeordnetenhaus den Präsidenten und der Senat den Vizepräsidenten bestimmen.[2] *Der Spiegel* geht von drei verschiedenen Szenarien aus:

Das erste Szenario: Wenn man die Bundesstaaten zusammen rechnet, in denen Biden nach jetzigen Umfragen deutlich vorn liegt, käme er auf 278 Stimmen im *Electoral College,* er hätte also eine knappe Mehrheit. In diesem Szenario würde der Herausforderer, wie ziemlich sicher, Kalifornien und New York gewinnen und die alten demokratischen Hochburgen aus dem *Rostbelt* zurückholen, die Trump bei der Wahl von 2016 auf seine Seite gezogen hatte: Pennsylvania, Michigan und Wisconsin. In Florida und North Carolina liegt Biden derzeit hauchdünn vorn. Sollte er die zwei Staaten noch dazu gewinnen, käme er auf 330 Stimmen.

Das zweite Szenario: Trump gewinnt mit einem größeren Vorsprung, was unwahrscheinlich ist, aber nach wie vor nicht ausgeschlossen werden kann. So könnte es zu einem Stimmungsumschwung kommen, wenn sich die Wirtschaft in den Monaten September und Oktober deutlich erholen würde und die Arbeitslosenzahlen infolgedessen beträchtlich zurück gingen. In diesem Fall bliebe er weitere vier Jahre im Amt. Welch katastrophale Konsequenzen das für die USA hätte, lässt sich nur erahnen.

Das dritte Szenario: Sieger und Verlierer der Wahl liegen dicht beieinander. Das würde viele Fragen aufwerfen, die in der Verfassung, den Ergänzungen *(Amendments)* und anderen Grundsatzdokumenten des Staates nicht eindeutig geregelt sind. Viele Analysten sehen in der Besetzung des durch den Tod der hochgeachteten liberalen Richterin Ruth Bader Ginsburg freigewordenen Sitzes im *Supreme Court* durch eine weitere konservative Richterin/Richter eine zusätzliche Unterstützung für Trump. Es würde ihm vermutlich Stimmen aus dem konservativen und ultrakonservativen Lager bringen. Möglich wäre aber auch, dass dadurch Wähler für Biden gewonnen werden, die befürchten, dass mit der Stärkung der konservativen Kräfte im *Supreme Court* das Recht auf Abtreibung und die gleichgeschlechtliche Ehe abgeschafft werden könnten.[3]

*

Die erste TV-Debatte zwischen dem amtierenden Präsidenten Donald Trump und seinem Herausforderer Joe Biden, Vizepräsident unter Barack Obama, findet am 29. September von 21:00–22:30 Uhr Ortszeit in Cleveland, Ohio, statt. Sie wird von fast allen Fernsehstationen des Landes live übertragen. In Deutschland sendet *Phoenix* die Debatte direkt am frühen Morgen des 30. September ab 3:00 Uhr.[4] Der Moderator ist Chris Wallace von *Fox News,* ein für diese Aufgabe erfahrener und respektierter Journalist. Das Procedere des 90-minütigen Disputs war von den zwei Wahlkampfteams über mehrere Monate hinweg in komplizierten Verhandlungen festgelegt worden. Jeder Kandidat sollte auf eine Frage des Moderators zwei Minuten sprechen können. Der Gegner durfte kurz Stellung dazu nehmen. Für die Debatte sind sechs Themen vorgesehen. Wegen der Corona-Pandemie befinden sich nur wenige Gäste im Saal.

- *Thema Krankenversicherung:*

Trump macht deutlich, dass er *Obamacare* vollständig abschaffen will und verspricht, sich für billigere Medikamente einzusetzen. Seinem Rivalen wirft er vor, er wolle die privaten Krankenversicherungen abschaffen und nur noch eine vom Staat getragene zulassen, die mit extrem hohen Kosten verbunden sei. Biden streitet das vehement ab, versichert, sich für die Möglichkeit der Wahl zwischen verschiedenen Kassen einzusetzen und nennt Trump einen Lügner. Er wirft ihm vor, selbst überhaupt keinen Plan zu haben.

- *Thema Corona-Pandemie*

Biden macht Trump für die 7 Millionen vom Corona-Virus Infizierte und die 200 Tausend Toten verantwortlich. Er verweist darauf, dass in den USA etwa fünf Prozent der Weltbevölkerung leben, die Infizierten aber zwanzig Prozent der Gesamtzahl weltweit ausmachen. Trump behauptet, mit seinem Handeln Millionen

Menschenleben gerettet zu haben, was eine phänomenale Leistung sei. Biden hätte das niemals geschafft. Es sei sein, Trumps, Verdienst, dass gegenwärtig immer weniger sterben würden. Biden befürchtet, dass die Pandemie bis zum Jahresende weiterhin viele Opfer fordern wird. Auf die Frage des Moderators, wann mit der Bereitstellung eines Impfstoffes zu rechnen sei, gibt Trump sich wie immer optimistisch und meint: Das werde bald sein. Der Herausforderer wirft dem Präsidenten vor, die Meinung der Wissenschaftler zu ignorieren und daher planlos zu handeln. Trump holt zu einem Schlag unter der Gürtellinie aus, indem er behauptet, Biden wisse ja nicht einmal mehr, an welchem College er studiert habe. In der Frage, wie die Wirtschaft wieder hochgefahren werde soll, bleiben beide bei ihren bekannten Positionen: Trump will die begonnene Entwicklung möglichst forcieren. Biden rät wegen der nach wie vor hohen Zahl der Infizierungen zu einem langsameren Vorgehen.

- *Thema: Wirtschaft*

Trump behauptet, wie schon oft vorher, Biden werde als Präsident die Wirtschaft und das Land insgesamt ruinieren. Unter ihm aber komme es noch 2020 zu einem starken Anstieg der Wirtschaftsleistung und damit zum Rückgang der Arbeitslosigkeit. Biden wechselt das Thema und greift den Präsidenten massiv an. Er verweist auf die Enthüllung der *New York Times,* dass Trump in den Jahren 2016 und 2017 jeweils nur 750 Dollar Steuern gezahlt habe. Ohne je einen Beweis dafür vorgelegt zu haben, erklärt Trump, er habe Millionen Dollar an das Finanzamt überwiesen. Natürlich seien dabei Steuervorteile für ihn genutzt worden. Biden kündigt an, dass er die vom Präsidenten durchgeführte Steuersenkung für Reiche rückgängig machen und deren Steuern erhöhen werde. Er kritisiert Trump, weil in dessen Amtszeit das höchste Defizit im Außenhandel zu verzeichnen sei. Die Debatte geht als Schlammschlacht weiter: Trump wiederholt den Vorwurf, Bidens Sohn sei in illegale Geschäfte in der Ukraine und in Russland verwickelt gewesen und vom damaligen Vizepräsidenten Joe Biden gedeckt worden. Dieser hält dagegen, sein Sohn habe nichts falsch gemacht, und nennt den Präsidenten, auch nicht gerade höflich, einen Clown.

- *Thema: Rassismus*

Biden klagt seinen Gegner an, Rassismus nicht nur zu dulden, sondern aktiv zu fördern. Er sei auch dafür verantwortlich, dass proportional viel mehr Schwarze als Weiße vom Virus infiziert und gestorben sind. Trump wiederum wirft Biden und den Demokraten vor, die Verantwortung für Gewalt und Chaos am Rand von *Black Lives Matter*-Demonstrationen zu tragen und nicht in der Lage zu sein, dem Land Sicherheit zu geben. Am Schlimmsten sei es in den Städten, die von Bürgermeistern der Demokratischen Partei regiert würden. Er, Trump, habe die Ordnung zum Teil wiederhergestellt. Beide Kandidaten streiten über die Polizei und die Polizeigewalt. Trump schimpft, sein Rivale werde als Präsident die Mittel für die Polizei kürzen, dieser streitet das ab. Biden meint, es sei Trump, der Zwietracht und Gewalt im Land fördere. Für Trump wiederum ist „die radikale Linke" der Demokraten dafür verantwortlich. Als Antwort darauf wirft Biden dem Präsidenten vor, ein Hampelmann Putins zu sein.

• *Thema Klimaschutz*

Der Herausforderer will dem von Trump aufgekündigten Pariser Klima-Abkommen wieder beitreten und entsprechende Maßnahmen in den USA durchsetzen. Er tritt dafür ein, kein neues Öl und keine neue Kohle zu verwenden und auf den Bau von Kraftwerken zu verzichten, die die Umwelt belasten. Eine vernünftige Klimapolitik schaffe neue Arbeitsplätze. Trump plädiert wieder für den Plan, durch das Pflanzen einer großen Zahl von Bäumen das Klima zu verbessern und saubere Luft zu schaffen.

• *Thema Briefwahl*

Trump behauptet wiederum, dass die Briefwahl zu einem riesigen Betrug führen und ihn möglicherweise um den Sieg bringen werde. Ohne einen Beweis vorzulegen erklärt er, tausende von Wahlzetteln der Briefwahl seien spurlos verschwunden, sie würden öffentlich verkauft und irgendwo abgekippt. In diesem Zusammenhang kündigt er einmal mehr an, ein für ihn negatives Wahlergebnis nicht anzuerkennen. Bei der Auszählung der Briefwahl-Zettel könnten Wochen oder sogar Monate vergehen. Biden widerspricht ihm und meint, die Briefwahl werde ordnungsgemäß verlaufen und nicht zu Betrug führen. Als wohl schlimmste Aussage seiner gesamten Amtszeit ist Trumps Aufforderung an die *Proud Boys* – eine offen rassistische, bewaffnete, gewaltbereite, ultrarechte Organisation mit Verbindungen zur Neonazi-Szene – zu bewerten, sie sollten sich noch zurückzuhalten, für kommende Auseinandersetzungen aber bereit sein. Trump spielt also mit dem Gedanken, dass es im Fall seiner Niederlage zu bewaffneten Auseinandersetzungen, wenn nicht gar zum Bürgerkrieg kommen könnte.

*

Würde jemand den Auftrag erhalten, ein wörtliches Protokoll der Debatte anzufertigen – er müsste scheitern. Über lange Strecken reden beide Kandidaten gleichzeitig, öfter kommt der Moderator dazu: In dem babylonischen Sprachengewirr versteht man keinen. Trump redet und schreit pausenlos, ob er das Wort hat oder nicht. Biden hat große Mühe, einen Satz zu Ende zu führen. Die Debatte wird zum Desaster und endet im Chaos. Der Moderator Chris Wallace versucht immer wieder, den Disput in ordentliche Bahnen zu bringen, vergeblich. Schon in den ersten Minuten verliert er die Kontrolle. Später äußert er, so etwas noch nie erlebt zu haben. Verantwortlich dafür ist Trump, der wie ein Bulldozer wirkt, Biden immer wieder unterbricht, ihm alles Mögliche unterstellt, ihn beschimpft und beleidigt. Viel von dem, was er ihm vorwirft, sind offenkundige Lügen. Biden versucht, seriös zu bleiben und sachlich zu argumentieren. Einige Male hält aber auch er sich nicht an die Regeln elementarer Höflichkeit. Er zischt den Präsidenten an: „Halten Sie den Mund, Mann!“ (Will you shut up, man!), spricht abwertend von ihm als „der Typ“, nennt ihn einen Lügner, Clown und Marionette Putins. Von politischer Kultur, von Anstand und Respekt scheinen beide nichts mehr zu halten.

Was keiner der zwei Präsidentschaftsbewerber in den 90 Minuten der quälenden Debatte vorweisen kann, ist eine Vision. Es gibt keine Überlegungen für die Zukunft des Landes, das in zwei verfeindete Lager gespalten ist, in dem soziale Kälte und

Rassismus herrschen, Polizeigewalt zum Alltag gehört, die Kluft zwischen einer superreichen Oberschicht und der Mehrheit der Bevölkerung immer tiefer und die Demokratie schrittweise abgebaut wird. Was nur eine Randrolle spielt, sind die wirklichen Probleme des Landes, sind Ideen für die Überwindung der gesellschaftlichen Krise. Leider wird deutlich, dass auch die Demokratische Partei nach wie vor kein tragfähiges Konzept für die seit langem notwendige Neuorientierung der Politik, für längst überfällige gesellschaftliche Reformen hat.

*

Die meisten der nicht auf der Seite Trumps stehenden Medien der USA sind über die Debatte einfach entsetzt. Die *New York Times* veröffentlicht, wie bei solchen Anlässen üblich, zahlreiche Zuschriften von Leserinnen und Lesern. Viele beschäftigen sich mit der Frage: Wer ist der Sieger und wer der Verlierer der Debatte? Die meisten meinen, Biden war der Bessere. Viele sind aber der Ansicht, es gab keinen Sieger, sondern nur zwei Verlierer. Eigentlich verloren habe das amerikanische Volk. Janelle Bouie schreibt: Biden hat gewonnen, er blieb aber weit unter dem, was er hätte bieten sollen. Christopher Buskirk teilt mit, Trump wirkte kraftvoll und energisch. Das dürfte reichen, um zu gewinnen. Linda Chavez hält dagegen: Er hatte keine substantiellen Antworten. Der Kommentar von Charlie Warzel: Keiner hat gewonnen. Wir alle haben verloren. Bret Stephens nennt Trump die groteske Parodie eines Präsidenten.[5] Bruce Neuman wird ironisch: Für die Anhänger Trumps ist er der Sieger, für die Bidens ist er es. Da ich mir die Debatte nicht angesehen habe, bin ich der Gewinner.[6] Die *Los Angeles Times* meint, dass es eine solche Debatte in der amerikanischen Geschichte bisher nicht gegeben habe.[7] *Associated Press* äußert die Ansicht, einmal mehr sei das Defizit an Glaubwürdigkeit der Politik deutlichgeworden.[8] *AP-News* überprüft den Wahrheitsgehalt einiger Aussagen der beiden Kontrahenten. Zur Behauptung von Trump, es dauere nur noch Wochen, bis ein Impfstoff gegen das Corona-Virus zur Verfügung stehe, heißt es: Die meisten der prominenten Gesundheitsexperten gehen davon aus, dass das wahrscheinlich erst Mitte 2021 der Fall sei wird.[9] Aber auch Biden wird nachgewiesen, dass er es einige Male nicht so genau mit der Wahrheit gehalten hat. Nach einer Meinungsumfrage von *CNN* sind etwa 60 Prozent der Befragten der Ansicht, Biden sei der Sieger der Debatte. Nur 28 Prozent sprächen sich für Trump aus. Der Kommentar von *CNN*: Es war eine absolut schreckliche Debatte, die überhaupt nicht dazu beigetragen hat, die Wählerinnen und Wähler besser zu informieren. Biden wird vorgeworfen, er habe sich einige Male auf das Niveau seines Kontrahenten begeben und einen wichtigen Grundsatz vergessen: Begib dich nie mit einem Schwein in den Schlamm, weil dann beide dreckig werden, aber nur das Schwein das liebt![10] Karl Rove stellt im *Wall Street Journal* kurz und bündig fest: Das war eine Debatte der Hölle. So etwas hat noch niemand vorher erlebt. Keiner von beiden verfügte über Vorstellungen für die Zukunft. Keiner hatte so etwas wie eine Vision.[11] *CNN* rügt, wie brutal Trump herübergekommen sei.[12] Für *Fox News* ging natürlich Trump als Sieger aus der Debatte hervor. Biden wird dafür gelobt, dass er sich von dem am weitesten linksstehenden Flügel seiner Partei distanziert habe. Amüsant ist der

Hinweis auf einen Satz des Moderators: „Gentlemen, you realize you're both speaking at the same time".[13] *USA Today* stellt fest: Das ist nicht der Weg, um den Führer der Freien Welt zu wählen.[14] Die *Washington Post* stellt Trump ein vernichtendes Zeugnis aus: „Es war eine 90-minütige Demonstration der testosterongeladenen, unkontrollierten Wut und der Unsicherheit des amerikanischen Präsidenten. ... Er zeigte sich entschlossen, sich seinen Weg durch den Abend zu brüllen."[15]

Ähnlich fallen die Kommentare europäischer Medien aus. *Der Standard,* Wien, titelt: „Trump gegen Biden: Der Tiefpunkt der US-Präsidentschaftsdebatte ist erreicht." Inhaltlich habe man nichts Neues erfahren.[16] Die *Neue Zürcher Zeitung* bezeichnet die Debatte als chaotisch und grotesk.[17] Die *Berliner Zeitung* fasst die Debatte zusammen: „Zwei alte Männer stehen in einem Fernsehstudio und beschimpfen einander anderthalb Stunde lang."[18] *Der Spiegel* titelt: „Reaktionen auf TV-Debatte: The Great American Shitshow". Zitiert wird die Äußerung eines Mitglieds der von Trump angesprochenen *Proud Boys-Gang:* Präsident Trump sagte uns, „wir sollten uns bereithalten, weil jemand sich um die ANTIFA kümmern muss. ... Sir, wir sind bereit."[19]

*

Die 7 Millionen-Grenze bei den Infektionen wird am 25. September erreicht, die 200 Tausend-Grenze bei Toten am 22. September. Von Mitte Juni an steigen die Zahlen der Neuinfizierten und der an oder im Zusammenhang mit Corona Gestorbenen wieder kontinuierlich und steil an.

	Neuinfizierte	Tote (Gesamtzahl)
Stand:		
01. Juni	1,8 Millionen	105 Tausend
30. September	7,2 Millionen	207 Tausend (abgerundet)

Die Zahlen sind jetzt höher als bei der ersten Welle der Pandemie: Im April, auf dem Höhepunkt der ersten Welle, hatten sich 875.000 neu infiziert, im September sind es 1,1 Millionen. Die wiederholten Behauptungen von Trump, die Pandemie sei so gut wie überwunden, entsprechen also nicht den Tatsachen.

Die Zahlen der Infizierten und Toten (kumuliert, Gesamtzahl vom Beginn der Pandemie an)[20]

	Infizierte	**Tote**
01.06.	1.811.277	104.854
15.06.	2.115.079	116.191
16.06.	2.137.731	116.963
30.06.	2.636.856	127.425
01.07.	2.686.587	128.062
15.07.	3.499.158	137.420
16.07.	3.576.255	138.360
31.07.	4.562.133	153.056
01.08.	4.621.569	153.897
15.08	5.361.254	169.481
16.08.	5.403.361	170.052
31.08.	6.031.287	183.597
01.09.	6.075.652	184.664

15.09.	6.606.562	195.942
16.09.	6.630.890	196.802
30.09.	7.233.946	206.932[20]
01.10.	7.278.421	207.789
15.10.	7.980.572	217.702
16.10.	8.049.289	218.572
31.10.	9.125.432	230.548

Die Zahlen der Neuinfizierten und Toten im Vergleich (jeweils ein halber Monat)

	Infizierte	**Tote**
01.–15. März	1.616	39
16.–31. März	160.896	3.101
	162.512	**3.140**
01.–15. April	419.607	21.978
16.–30. April	455.359	32.871
	874.966	**54.849**
01.–15. Mai	286.859	20.153
16.–31. Mai	321.708	16.604
	608.567	**36.757**
01.–15. Juni	303.802	11.337
16.–30. Juni	499.125	10.462
	802.927	**21.799**

01.–15. Juli	812.571	9.358
16.–31. Juli	985.878	14.696
	1.798.449	**24.054**
01.–15. August	739.685	15.584
16.–31. August	627.926	13.545
	1.367.611	**29.129**
01.–15. September	530.910	11.278
16.–30. Sept.	603.056	10.130
	1.133.966	**21.408**
01.–15. Oktober	702.151	9.913
16.–31. Oktober	1.076.143	11.976
	1.778.294	**21.889**

*

Die leichte Erholung der Wirtschaft setzt sich im September fort. Dazu trägt die lockere Zinspolitik der *Fed* bei, aber auch das Geld des ersten Hilfspakets von Regierung und Kongress, das Familien zur Verfügung gestellt worden war. Es kurbelte den Konsum an und erhöhte die Nachfrage nach Aktien. Die Wirtschaft kämpft aber nach wie vor mit großen Problemen. Besondere Sorgen bereiten die Tourismusbranche und die Luftfahrt.

Die Lage auf dem Arbeitsmarkt verbessert sich leicht. Im September werden außerhalb der Landwirtschaft 661.000 neue Arbeitsplätze geschaffen. Die Arbeitslosenquote sinkt von 8,4 Prozent im August auf 7,9 Prozent im September. Erwartet wurde allerdings deutlich mehr. Ökonomen sehen einen Zusammenhang zwischen den weiterhin hohen Zahlen von Corona-Neuinfektionen und der langsamer wachsenden Zahl neuer Jobs. Die *Fed* (US-Notenbank *Federal Reserve)* befürchtet, dass die positive Entwicklung am Arbeitsmarkt ihren Schwung schon wieder verloren haben könnte. Dafür spricht auch, dass nach Abgaben des Arbeitsministeriums fast 30 Millionen weiterhin staatliche Unterstützung brauchen.[21]

Mit einem seiner beliebten Tweets stoppt Trump kurz vor der Wahl Anfang Oktober die seit Monaten laufenden Verhandlungen über ein zweites großes Hilfsprogramm für die Wirtschaft sowie für die Bürgerinnen und Bürger mit niedrigen und mittleren Einkommen. Er twittert: „Ich habe meine Vertreter angewiesen, die Verhandlungen bis nach der Wahl zu stoppen."[22] Demokraten und nicht wenige Republikaner sind entsetzt. Der Chef der *Fed* Jerome Powell hatte kurz davor beide Parteien im Kongress aufgefordert, zu einer Einigung zu kommen. Andernfalls könnte es schlimme Folgen für die Wirtschaft haben. Bis Ende September waren rd. 2,5 Billionen Dollar an Unterstützung geflossen. Für das zweite große Hilfsprogramm forderten die Demokraten drei Billionen, die Republikaner wollten aber nur eine Billion bewilligen. Auch ein Kompromissvorschlag von Nancy Pelosi, sich auf 2,2 Billionen zu einigen, fand keine Zustimmung.

*

Wie die TV-Debatte von Trump und Biden schon deutlich machte, wird der Wahlkampf im September immer härter. Ersterer spricht auf vielen Massenveranstaltungen in verschiedenen Bundesstaaten, vor allem in denen, die besonders umkämpft sind. Die Teilnehmer stehen oder sitzen meist dicht aneinandergedrängt und ohne Maske. Letzterer bevorzugt kleinere Treffen, er selbst und die meisten Anwesenden mit dem geforderten Schutz vor dem Virus.

Fragen der Außenpolitik spielen in dem TV-Duell der beiden Kandidaten und bei anderen Wahlveranstaltungen nur am Rand eine Rolle. Dabei geht es u.a. um China, den Iran, Nordkorea und Europa. Als seinen diplomatischen Erfolg feiert Trump, dass durch amerikanische Vermittlung erstmals Friedensgespräche zwischen Vertretern der afghanischen Regierung und der Taliban stattfinden konnten. Das Ergebnis ist allerdings noch völlig offen. In den Beziehungen zu Europa präsentiert sich Trump als harter Verhandler. So verstärkt er den Druck auf Deutschland, die Verteidigungsausgaben zu erhöhen. Er kündigt an, die dort stationierten amerikanischen Truppen zu reduzieren. Ein Teil von ihnen soll nach Polen verlegt, ein anderer in die Heimat zurückgebracht werden. Außerdem versucht er, nicht zuletzt aus wahltaktischen Gründen, mit erpresserischen Maßnahmen, den Abschluss der Arbeiten an der Ostsee-Gas-Pipeline Nord-Stream 2 zu verhindern, letztlich um amerikanisches Gas nach Europa liefern zu können.

In den Septembertagen eskaliert der Streit um die Nachfolge der verstorbenen Richterin des *Supreme Court* Ruth Bader Ginsburg. Trump macht am 19. September ein weiteres Mal deutlich, dass er, entgegen bisherigen Gepflogenheiten, die Stelle noch kurz vor der Wahl neu besetzen will. Kurze Zeit später nominiert er Amy Coney Barrett als Kandidatin. Zustimmen muss noch der Senat. Da die Republikaner dort in der Mehrheit sind, ist das für ihn kein Problem. Die 47-jährige Professorin Barrett gilt als ausgesprochen konservativ und entschiedene Gegnerin der Gesetze, die Abtreibungen erlauben. Bescheinigt wird ihr aber auch, unabhängig und integer zu sein. Trump rechnet, dass die Entscheidung für Barrett ihm zusätzliche Stimmen von Ultra-Konservativen und Abtreibungsgegnern bringen könnte. Außerdem wird die konservative Mehrheit im Verhältnis zur liberalen Minderheit im *Supreme Court* dadurch von 5:4 auf 6:3 erhöht, was eine Weichenstellung für kommende Jahre oder sogar Jahrzehnte bedeutet.

Trump und seine Unterstützer treffen jetzt schon Maßnahmen für den Fall einer Niederlage. So finden vor Gerichten hunderte von Prozessen statt, in denen Wahlrichtlinien angefochten werden. Sollte er verlieren, wird wahrscheinlich eine Welle von Prozessen das Land überrollen. Justizminister William Barr trifft dafür schon entsprechende Vorbereitungen. Ferner ist die Entsendung von zahlreichen republikanischen Wahlbeobachtern geplant, die die Auszählung in irgendeiner Form beeinflussen können. Zum Repertoire Trumps gehört ferner die Einschüchterung von Wählerinnen und Wählern der Minderheiten im Land, die mehr zu Biden tendieren.

Die Enthüllungen der *New York Times*, dass Trump in mehreren Jahren keine oder zu geringe Steuern bezahlt hat, wirken sich offenkundig nachteilig für ihn aus. Er ist daher immer wieder um Schadensbegrenzung bemüht. Gelitten hat sein Ansehen als erfolgreicher Geschäftsmann auch durch den Hinweis der *New York Times* auf seine Schulden: 2022 werde er eine Hypothek für den Trump-Tower in Höhe von 100 Millionen Dollar begleichen müssen. Insgesamt könnten in den nächsten Jahren

Zahlungen von etwa 400 Millionen fällig sein, u.a. auch an die Deutsche Bank.

*

Oktober

Am 7. Oktober findet in der *University of Utah* in Salt Lake City die Debatte zwischen den zwei Kandidaten für die Vizepräsidentschaft statt. Durch Plexiglasscheiben voreinander geschützt, stehen bzw. sitzen sich gegenüber der amtierende Vizepräsident Mike Pence und die Senatorin sowie frühere Justizministerin und Generalstaatanwältin von Kalifornien Kamala Harris. Die Moderatorin ist Susan Page von *USA Today*. In einer ersten Einschätzung der *ARD*, in der *Tagesschau* am 8. Oktober 07 : 14 Uhr, wird diese Debatte mit der vorangegangenen von Trump und Biden verglichen. Es heißt: „Insgesamt ging es diesmal deutlich gesitteter zu. Und beide durften mal einen Satz zu Ende bringen."[23] Da schreien sich zwei Gesprächspartner nicht an und gehen einigermaßen zivilisiert miteinander um, und das ist dann schon fast sensationell. Was für ein zweifelhaftes Kompliment, was sagt das über die politische Kultur in diesem Land?

Beim ersten Thema, *Corona-Pandemie*, wirft Harris der Trump-Administration völliges Versagen vor. Pence dagegen behauptet, wie schon vorher sein Chef, der Regierung sei dafür zu danken, dass sie mit ihrem Vorgehen, so mit dem frühzeitigen Verbot von Einreisen aus China, hunderttausende Menschenleben gerettet habe. Harris greift dann, ohne Zusammenhang mit der gerade behandelten Thematik, die Enthüllungen der *New York Times* auf, der Präsident habe in mehreren Jahren keine oder zu geringe Steuern bezahlt. Die Antwort von Pence, auch nicht gerade neu: Trump hat Millionen Dollar an das Finanzamt überwiesen, und außerdem hat er zahlreiche neue Arbeitsplätze geschaffen.

Beim Thema *Wirtschaft* weist die Moderatorin darauf hin, dass im Verlauf der Corona-Pandemie fast 11 Millionen Arbeitsplätze verloren gegangen seien. Wenn die Arbeitslosigkeit inzwischen auch wieder etwas zurück gehe, nämlich auf 7,9 Prozent, sei die Lage doch nach wie vor sehr ernst. Die Kontrahenten gehen nur indirekt auf diese Problematik ein: Harris wirft der Trump-Administration vor, in ihrer Politik vor allem den Reichen und Superreichen zu dienen. Biden dagegen werde die Interessen des Volkes vertreten. Seine Investitionen sollen vor allem in Innovationen, Infrastruktur und Bildung gehen. Pence behauptet, Biden wolle die Steuern erhöhen. Seine Umweltpolitik werde riesige Mittel verschlingen. Außerdem werde er die USA an China ausliefern und die amerikanische Wirtschaft ruinieren. Eine zweite Amtszeit von Trump dagegen garantiere vier Jahre wirtschaftliches Wachstum. Harris korrigiert: Erhöht werden sollen nur die Steuern der Reichen, nicht die derjenigen mit unteren und mittleren Einkommen. Pence erklärt einmal mehr, *Obamacare* sei ein Desaster.

Bei der Behandlung des Themas *Klimawandel* und *Umweltpolitik* lobt Pence die angeblichen Erfolge der Regierung. Die Politik einer Biden-Administration aber werde mit ihren Vorstellungen eines *New Green Deal* massenhaft Arbeitsplätze vernichten. Harris streitet das ab. Beide wiederholen damit nur die Aussagen von Trump und Biden in deren Debatte.

Zur Eröffnung des Themas *China* fragt die Moderatorin: Ist diese wirtschaftliche Großmacht Feind oder Partner der USA? Keiner der beiden Kontrahenten gibt eine klare Antwort. Harris behauptet, dass die Vereinigten Staaten nach vier Jahren Trumpscher Außenpolitik weniger sicher sind als vorher: Der Präsident habe sie international weitgehend isoliert, Freunde verraten und Diktatoren unterstützt. Pence hält dagegen. Seiner Meinung nach gibt es viele Erfolge, u.a. die Israel-Politik, die Zerstörung des IS-Kalifats, die Tötung von Mördern aus den Reihen der Terrormiliz IS. Außerdem seien die Bündnisse der USA gestärkt worden. Bei der Erörterung von Fragen der amerikanischen Russland-Politik erklärt Harris, Biden werde als Präsident Putin zur Verantwortung ziehen. Das dürfte darauf hindeuten, dass er ein härteres Vorgehen gegen Moskau plant.

Die Diskussion zum Thema *Supreme Court* dreht sich vor allem darum, ob die Nominierung und Vereidigung von Amy Coney Barrett vor oder nach der Wahl am 3. November erfolgen soll. Dabei gibt es keine neuen Argumente. Pence wirft den Demokraten vor, sie wollten die Zahl der Obersten Richter vergrößern, was ein Bruch der Verfassung sei. Harris weicht aus. (Franklin D. Roosevelt hatte in den 1930er Jahren schon einmal versucht, die Zahl der Obersten Richter zu vergrößern, um eine konservative Mehrheit in diesem Gremium aufzuheben. Der Protest der Republikaner, aber auch vieler Mitglieder der eigenen Partei war unerwartet heftig. Roosevelt musste den Plan aufgeben und eine peinliche Niederlage hinnehmen.)

Bei der Behandlung des Themas *Rassismus* fordert Harris u.a. grundlegende Reformen bei der Polizei und im Strafrecht, wirkliche Gleichheit aller vor dem Gesetz und die Abschaffung privat betriebener Gefängnisse. Pence klagt, wie gehabt, die Demokraten an, für die Gewaltausbrüche im Land verantwortlich zu sein. Die Demokraten würden bei einem Wahlsieg nicht in der Lage sein, die Sicherheit im Land zu garantieren und Chaos zu verhindern. Harris verurteilt ein weiteres Mal die Äußerung Trumps in der Debatte mit Biden, die rassistischen, gewalttätigen *Proud Boys* sollten sich noch zurück-, aber bereithalten. Pence versucht, die Sache herunterzuspielen. Der Satz sei aus dem Zusammenhang gerissen worden. Trump habe das Treiben von Neonazis immer verurteilt.

Das Thema *Präsidentschaftswahl* veranlasst die Moderatorin zur Frage: Wird Trump im Fall einer Wahlniederlage bereit sein, die Macht friedlich an seinen Nachfolger zu übergeben? Pence weicht aus und ist zu keiner eindeutigen Antwort zu bewegen.

Die Medien in den USA und anderen Ländern kommentieren die Debatte ausführlich. Wochenlang war ja behauptetet worden, es handle sich um das wichtigste Duell zwischen zwei Bewerbern für die Vizepräsidentschaft in der gesamten amerikanischen Geschichte. Der Tenor fast aller Berichte ist: *Die Kandidaten sind, im Unterschied zur Debatte Trump-Biden, zivilisiert miteinander umgegangen*. Ausführlich wird auf die beiden Personen eingegangen. So heißt es, Harris habe emotional, sympathisch und menschlich gewirkt, aber nicht ganz so souverän wie ihr Gegenspieler. Die *New York Times* veröffentlicht in einem Beitrag „*Best and Worst Moments in the Kamala Harris - Mike Pence Debate*“ Meinungen ihrer Kolumnisten und anderer Autoren. Die große Mehrheit ist der Ansicht, Harris sei die Gewinnerin gewesen. Nur zwei von

17 halten Pence für den Besseren. Einige sind überzeugt: Eigentlich gab es keinen Sieger. Weitere Meinungen sind: Pence hat etwas verteidigt, was nicht zu verteidigen ist. – Harris konnte besser angreifen als verteidigen. – Sie wirkte wie eine gut vorbereitete Anklägerin. Mehrere der Autoren amüsieren sich darüber, dass während der Debatte minutenlang eine Fliege deutlich sichtbar auf dem Kopf von Pence saß. In der Öffentlichkeit kursierte danach der Witz, die Fliege sei irgendwann weggeflogen, weil es ihr zu langweilig wurde.[24]

Die *Los Angeles Times* meint, verglichen mit der Debatte Trump-Biden sei die zwischen Pence und Harris eine Art von Gartenparty gewesen. Pence habe es leichter gehabt als seine Rivalin: Er brauchte nur deutlich zu machen, dass das Beraterteam im Weißen Haus weniger verrückt sei als dessen Chef.[25] *Fox News* lobt Pence und ist überzeugt, dass er fähig sei, jederzeit das Amt des Präsidenten zu übernehmen.[26] *Der Spiegel* stellt lapidar fest: „Beide Kandidaten haben ihre Bewährungsprobe bestanden." Harris sei aber souveräner und sicherer gewesen. Ihre Hauptaufgabe sah sie darin, „ein 90-minütiges Plädoyer für ‚Joe' (zu halten), wie sie Biden durchweg nannte". Pence habe das getan, „was er im Grunde seit 4 Jahren tut: Mit traurigem Blick und viel Pathos in der Stimme verteidigt er die Eskapaden seines Chefs."[27] – Nach Informationen von *CNN* zeigt Trump am Morgen nach der Debatte einmal mehr, was er von politischer Kultur hält: Er nennt Kamala Harris ein Monster![28]

*

Am 22. Oktober, zwölf Tage vor der Wahl, findet in Nashville, Tennessee, die zweite Debatte von Donald Trump und Joe Biden statt. Moderatorin ist Kristin Welker von *NBC*. Eigentlich sollte es das dritte Duell sein. Das ursprünglich zweite war aber wegen der Corona-Erkrankung von Trump ausgefallen. Alle amerikanischen Fernsehstationen sind zugeschaltet. In Deutschland überträgt *Phoenix* direkt.[29] Um zu verhindern, dass es wieder, wie bei der ersten Debatte, zu einer wüst-chaotischen Redeschlacht kommt, wird eine Neuerung eingeführt: das Mikrofon ist jeweils nur bei demjenigen eingeschaltet, dem die Moderatorin das Wort erteilt hat. Behandelt werden u.a. folgende Themen: die Corona-Pandemie; Wirtschaft und Arbeitslosigkeit; nationale Sicherheit; Immigration; Rassismus; Polizeiwillkür; Klimapolitik; Krankenversicherung; die Politik gegenüber China, Russland, Nordkorea, der Europäischen Union und dem Iran. Trump und Biden tragen dazu die altbekannten Argumente vor. Es gibt so gut wie nichts Neues. Etwas ist anders als bei der ersten Debatte: Trump widmet einen beträchtlichen Teil seiner Redezeit dem Versuch, Joe Biden im Zusammenhang mit den Geschäften von dessen Sohn Hunter als einen durch und durch korrupten Politiker darzustellen.

Die meisten Medien in den USA und in anderen Ländern stimmen darin überein, dass diese Debatte wesentlich zivilisierter und anständiger als die erste verlaufen ist. Seine Berater hatten Trump vorher offenkundig davon überzeugt, dass er sich mit einem erneuten rüpelhaften Auftritt selbst schaden würde. Die Abschaltung seines Mikrofons in der Zeit, in der er nicht das Wort hatte, half ihm dabei.

Von den Medien der USA sollen hier nur zwei vorgestellt werden: *Fox News* und die *New York Times*, die eine aus dem Trump-Lager, die andere aus dem Lager von Biden.

Fox News veröffentlicht einen Tag nach der Debatte einen Beitrag: „2020 Präsidentschaftswahl: Die letzte Trump-Biden Präsidentschaftsdebatte: Die fünf wichtigsten Momente“. Der breiteste Raum in dem Beitrag wird den Behauptungen Trumps gewidmet, Joe Biden sei einer der korruptesten Politiker, die es je gegeben habe. Trotzdem ist der Präsident mit dem Artikel wohl nicht zufrieden. Er hat sicherlich erwartet, von *Fox News* als strahlender Sieger des Duells dargestellt zu werden. Das ist aber nicht der Fall. Nüchtern und neutral wird festgestellt: Trump und Biden machten den „substantiellen Kontrast in ihren Visionen für die Vereinigten Staaten“ deutlich.[30] Was Trump auch geärgert haben dürfte ist, dass einer der ersten Präsidentschaftsbewerber der Demokratischen Partei, Pete Buttigieg, im Sender die Debatte mehrere Stunden lang kommentiert. Er versucht, seinen ungewöhnlichen Auftritt bei dieser TV-Station zu rechtfertigen: nicht alle Zuschauer von Fox News seien Trump-Anhänger. Diesen wolle er den Standpunkt der Demokraten erläutern. Von wem die Initiative dazu ausging, bleibt unklar.

Die *New York Times* veröffentlicht wieder, wie bei der ersten Debatte, Meinungen ihrer Kolumnisten und anderer Autoren. Dabei gibt es zum Teil recht unterschiedliche Bewertungen: Biden hat alles richtig gemacht; Es war keine Debatte, sondern eine aggressive Präsentation von zwei unterschiedlichen Welten; Trump zeigte sich disziplinierter als erwartet, er war der eigentliche Sieger; Biden wirkte am überzeugendsten, wenn er in die Kamera und damit direkt zu den Wählerinnen und Wählern sprach; Beide schienen gleich in ihren Lügen; Man kann sich nur schwer vorstellen, das noch unentschlossene Wähler etwas aus diesem Abend gelernt haben; Biden hat darauf verzichtet, die Kinder Trumps anzugreifen, was für ihn spricht; Trump hat deutlich gemacht, dass er keinen Plan hat, um die Probleme des Landes zu lösen.[31]

*

Die Entwicklung der Wirtschaft und damit der Arbeitslosenzahlen im September und Oktober, in den zwei Monaten vor dem 3. November, könnte sich mehr oder weniger stark auf das Wahlergebnis auswirken. Einige Faktoren werden Trump möglicherweise nutzen, andere eher schaden. Positiv für ihn ist, dass das Bruttoinlandsprodukt BIP im dritten Quartal, von Juli bis September, im Vergleich mit dem zweiten Quartal um rund 7,4 Prozent wächst. Motor des Aufschwungs sind Konsum, Export und Investitionen. Im zweiten Quartal hatte es einen Einbruch der Wirtschaft von rund 9 Prozent gegeben. Von dieser Berechnung abweichend gibt es noch eine andere, eine amerikanische Besonderheit: Die Regierung meldet Quartalsveränderungen so, als ob sie ein ganzes Jahr anhalten würden. Nach dieser Berechnung steigt das BIP von Juli bis September auf das Jahr hochgerechnet um 33,1 Prozent (Angaben des Handelsministeriums).[32] Das *Handelsblatt* kommentiert das Wirtschaftswachstum im dritten Quartal: „Rekordzahlen mit Schönheitsfehlern ... die Wirtschaft auf einem fragilen Fundament".[33] Analysten von *Oxford Economics* warnen: „Die starke BIP-Leistung vermittelt einen falschen Eindruck von der tatsächlichen Gesundheit der Wirtschaft."[34]

An der *Wall Street* wächst die Sorge wegen der hohen Schulden vieler Unternehmen. Aber auch bei einer großen Zahl von Amerikanerinnen und Amerikanern türmen sich hohe Verbindlichkeiten auf, vor allem, weil sie ihre Miete nicht mehr bezahlen können. Steuerausfälle in Milliardenhöhe bringen zudem viele Bundesstaaten in eine schwere finanzielle Krise.

Die Zahl der Arbeitslosen geht weiter zurück[35]:

	Arbeitslose in Prozent	Arbeitslose in Millionen
	(Stand: jeweils der 20. eines Monats)	
März	4,4	7,14
April	14,7	23,8
Mai	13,3	20,99
Juni	11,1	17,75
Juli	10,2	16,34
August	8,4	13,55
September	7,9	12,58
Oktober	7,3	11,6

Auch die Zahl der Neuanträge auf Arbeitslosenhilfe sinkt: auf 700.000 in der Woche vom 2. zum 6. November. In der Woche davor waren es noch 48.000 mehr gewesen. Von den 22 Millionen Arbeitsplätzen, die durch die Corona-Pandemie verloren gegangen sind, ist aber nach Angaben des Arbeitsministeriums erst etwa die Hälfte wieder geschaffen worden.[36]

*

Die Gesamtzahl der Corona-Infizierten steigt nach einem kurzen Rückgang wieder an. Im September betrug sie rund 1,3 Millionen. Im Oktober liegt sie, wie schon einmal im Juli, bei 1,8 Millionen. Die Zahl der an oder im Zusammenhang mit Corona Gestorbenen steigt von 21.4 Tausend im September auf 21.9 Tausend im

Oktober. (Siehe die Tabelle im Abschnitt September, S. 163ff.) Immer mehr Amerikanerinnen und Amerikaner geraten in Not und Elend. Viele hungern und frieren. Am Tag der Wahl, am 3. November 2020, beträgt die Gesamtzahl der Corona-Infizierten mehr als 9 Millionen. Mehr als 230 Tausend sind an oder im Zusammenhang mit Corona gestorben.

Quellen

1 newsletter@fabianreinbold.de, Post aus Washington, 26.09.2020.

2 https://www.focus.de/politik/experten/gastbeitrag-von-thomas-jaeger, Focus, US-Präsident: Wie Trump trotz Wahlniederlage an die Spitze gelangen kann, 25.09.2020, 18:12 Uhr.

3 https://www.spiegel.de/politik/ausland/donald-trump-gegen-joe-biden, *Der Spiegel*. Aktuelle Umfragen. Drei Szenarien für den Ausgang der US-Wahl, von Roland Nelles, Washington, 20.09.2020, 12:47 Uhr.

4 Phoenix vor Ort.

5 https://www.nytimes.com/2020/09/30/opinion/presidential-debate, *The New York Times*, Biden's and Trump's First Debate: Best and Worst Moments, 30.09.2020.

6 https://www.nytimes.com/2020/09/30/opinion/letters/trump-biden, *The New York Times*, Letters: ‚An Embarrassment'. Trump, Biden, and the Debate Fiasco, 30.09.2020.

7 https://www.latimes.com/politics/story/2020-09-29/trump-biden-first-debate, Los Angeles Times, Debate Scorecard: A round-by-round analysis of the chaotic Trump-Biden matchup, 29.09.2020, 07:54 PM.

8 https://apnews.com/article/election-2020-joe-biden-virus-outbreak, *Associated Press*, World Reacts with Surprise, worry to 1st Biden-Trump Debate, by James Keaten and Rod McGuirk.

9 Ebenda.

10 https://edition.*CNN*.com/2020/09/29/politics/first-presidential-debate, *CNN*, Hits and misses from the first Trump-Biden debate, by Chris Cillizza, 30.09.2020.

11 https://www.wsj.com/articles/this-was-the-debate-from-hell-1160, *Wall Street Journal*, 30.09.2020.

12 https://edition.*CNN*.com/2020/09/30/media/fox-trump-biden-debate, *Fox News* pro-Trump propaganda after first debate, by Oliver Darcy, 30.09.2020.

13 https://www.foxnews.com/politics/top-five-moments-of-the-first-presidential-debate, *Fox News*, Trump-Biden presidential debate in Cleveland: Top 5 Moments, by Tyler Olson.

14 https://eu.usatoday.com/story/opinion/2020/09/30/biden-trump-debate, *USA Today*, A tawdry round one: Biden vs. Trump debate was an embarrassment for America, by Paul Brandus, ohne Datum.

15 Nach: https://www.nzz.ch/international/ein-erschoepfendes-chaos-ein-haesslicher-wahlkampf, *Neue Zürcher Zeitung*, Übersicht ausgewählter Pressestimmen, ohne Datum.

16 https://www.derstandard.de/story/2000120357938/trump-gegen-biden, *Der Standard*, Trump gegen Biden: Der Tiefpunkt der US-Präsidentschaftsdebatten ist erreicht, von Frank Herrmann, 30.09.2020, 07:11 Uhr.

17 https://www.nzz.de/international/ein-erschoepfendes-chaos-ein-haesslicher-nahkampf, *Neue Zürcher Zeitung*, „Ein erschöpfendes Chaos, ein hässlicher Nahkampf" – die Pressestimmen zum ersten TV-Duell, von Lorenz Honegger, 30.09.2020, 08:49 Uhr.

18 *Berliner Zeitung*, US-Wahlkampf. Ein neuer Tiefpunkt, von Holger Schmale, 01.10.2020.

19 https://www.spiegel.de/politik/ausland/donald-trump-und-joe-biden-reaktionen, *Der Spiegel*, Reaktionen auf TV-Debatte: „The Great American Shitshow", 30.09.2020, 11:40 Uhr.

20 Zahlen der *Johns Hopkins University*, nach: Statista, https://de.statista.com/statistik/daten/studie/1103602/umfrage/entwicklung-der-fallzahlen-des-coronavirus. (Es handelt sich um die Zahlen, die jeweils kurz nach dem gegebenen Datum ausgewiesen wurden. Später erfolgten einige Korrekturen. Wegen Geringfügigkeit werden diese nicht übernommen.)

21 https://www.spiegel.de/wirtschaft/konjunkturpaket-donald-trump-und-der-schlag-gegen-die-eigene-wirtschaft, *Der Spiegel*, Streit über Konjunkturpaket. Trumps Schlag gegen die eigene Wirtschaft, 07.10.2020, 18:08 Uhr; und: https://www.spiegel.de/wirtschaft/soziales/us-aufschwung-am-arbeitsmarkt-geraet-ins-stocken, *Der Spiegel*, Beschäftigungszahlen. Aufschwung am US-Arbeitsmarkt gerät ins Stocken, 02.10.2020, 15:35 Uhr.

22 Ebenda.

23 https://www.tagesschau.de/ausland/analyse-harris-pence-101.html.

24 https://www.nytimes.com/2020/10/08/opinion/debate-kamala-harris-mike-pence's-debate, Best and Worst Moments of the Kamala Harris - Mike Pence Debate: Most Bizarre Moment was the Fly, 08.10.2020.

25 https://www.latimes.com/politics/story/2020-10-07/harris-pence-debate, Los Angeles Times, Harris – Pence debate: A round-by-round-scorecard of the vice presidential matchup, 07.10.2020.

26 https://www.foxnews.com/opinion/vp-debate-pence-harris-david-bossie, Fox News, David Bossie: At VP Debate, Pence's steady hand vs. the uncertainty of Harris, was on full display, 08.10.2020.

27 https://www.spiegel.de/politik/ausland/coronavirus-beherrschte-tv-duell-mike-pence-vs-kamala-harris,

28 https://edition.*CNN*.com/2020/10/08/opinions/vice-presidential-debate-harris-angry-black-woman.

29 Phoenix vor Ort, 23.10.2020, 03:00 Uhr.

30 https://www.foxnews.com/politics/trump-biden-final-debate-top-five-moments, *Fox News*, by Tyler Olson.

31 https://www.nytimes.com/2020/10/23/opinion/debate-trump-biden-final-debate, *New York Times*, Biden's and Trump's Final Debate: Who Won? 23.10.2020.

32 https://www.spiegel.de/wirtschaft/usa-wirtschaft-waechst-in-rekordtempo, *Der Spiegel*, Corona-Pandemie. USA mit Rekordwachstum nach tiefem Sturz, 29.10.2020, 14:43 Uhr.

33 https://www.*Handelsblatt*.com/politik/international/wirtschaftswachstum, *Handelsblatt*, Wirtschaftswachstum. US-Wachstum: Rekordzahlen mit Schönheitsfehlern, 29.10.2020, 16:17 Uhr.

34 Ebenda.

35 https://www.tagesschau.de/wirtschaft/us-arbeitsmarktzahlen-september, *ARD Tagesschau*, 02.10.2020,16:02 Uhr; und: https://de.statista.com/statistik/daten/studie/412605/umfrage/arbeitslosenzahlen-in-den-usa, *ARD Tagesschau*, veröffentlicht am 09.11.2020.

36 https://www.spiegel.de/wirtschaft/soziales/corona-in-usa-neuantraege-auf-arbeitslosenhilfe-sinken, Trotz steigender Corona-Zahlen. Neuanträge auf US-Arbeitslosenhilfe sinken, 12.11.2020, 17:44 Uhr.

11. Die Wahl am 3. November 2020

Am Dienstag, dem 3. November 2020, findet die Präsidentschaftswahl statt. Die Wählerinnen und Wähler müssen entscheiden, ob der Republikaner Donald Trump mit seinem Vizepräsidenten Mike Pence das Land weiter regieren oder ob sie durch den Demokraten Joe Biden mit seiner Vizepräsidentin Kamala Harris abgelöst werden sollen. Weitgehende Übereinstimmung herrscht darüber, dass es sich wohl um die wichtigste Wahl seit 1860 handelt, als es um die Beibehaltung oder Abschaffung der Sklaverei ging. Wie vor 160 Jahren: 2020 ist es wieder eine Schicksalswahl: Kann das bisherige, nach vier Jahren Trump ernsthaft gefährdete politische System der parlamentarischen Demokratie erhalten oder soll es in die Richtung eines autoritären Staates weiter abgebaut werden? Wird es eine Rückkehr zu politischer Kultur oder ihre weitere Erosion geben? Können die USA wieder zu einem zuverlässigen, berechenbaren Partner in den internationalen Beziehungen mit einem klaren Bekenntnis zum Multilateralismus werden oder bleibt es bei einem *America First* genannten engstirnigen Unilateralismus?

Kurz nach Schließung der Wahllokale, noch in der Nacht vom 3. zum 4. November, wenden sich die beiden Kandidaten an die Öffentlichkeit. Damit beginnen dramatische Tage des Hoffens und Bangens, der Ungewissheit über das Wahlergebnis und darüber, ob der amtierende Präsident eine mögliche Niederlage anerkennen und das Weiße Haus räumen wird. Kurz nach Mitternacht

Karte 1: So wurde am 4.11.2020 in den Bundesstaaten gewählt. Stand 1:30 p.m. ET (= 19:30 MEZ)[3]. (Maine und Nebraska haben Verhältniswahlrecht)

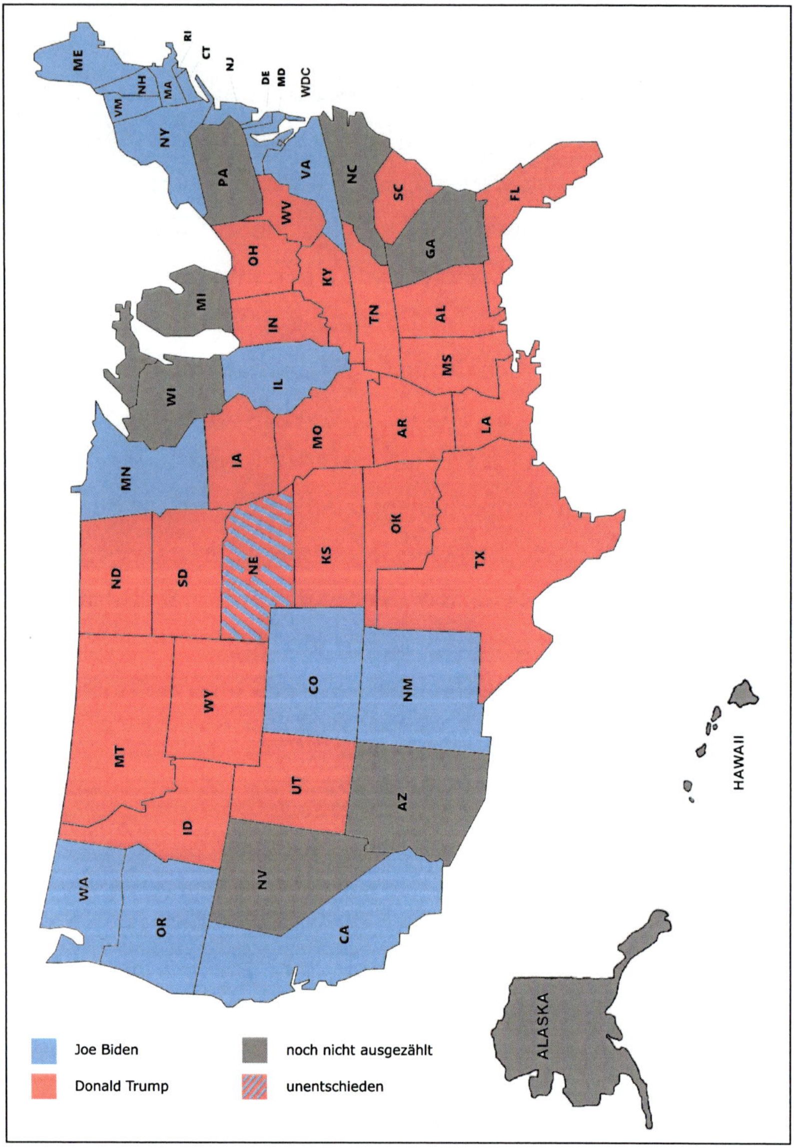

Bundesstaaten von Ost nach West
Anzahl der Wahlleute. Ein Zwischenergebnis

(* Maine und Nebraska haben als einzige Bundesstatten Verhältniswahlrecht)

		Trump	Biden	unentschieden	noch nicht ausgezählt
MN	Maine*	1	3		
NH	New Hampshire		4		
VT	Vermont		3		
MA	Massachusetts		11		
RI	Rhode Island		4		
CT	Conneticut		7		
NJ	New Jersey		14		
DE	Delaware		3		
MA	Maryland		10		
WDC	Washington DC		3		
NY	New York		29		
PA	Pennsylvania				20
VA	Virginia		13		
WV	West Virginia	5			
NC	North Carolina				15
SC	South Carolina	9			
GA	Georgia				16
FL	Florida	29			
MI	Michigan				16
OH	Ohio		18		
KY	Kentucki	8			
TN	Tennessee	11			
AL	Alabama	9			
MS	Missisippi	6			
WI	Wisconsin				10
IN	Indiana	11			
IL	Illinois		20		
MN	Minnesota		10		
IA	Iowa				
MO	Missouri		10		
AR	Arkansas		6		
LA	Louisiana		8		
ND	North Dakota	3			
SD	South Dakota	3			
NE	Nebraska*			5	
KS	Kansas	6			

		Trump	Biden	unentschieden	noch nicht ausgezählt
OK	Oklahoma	7			
TX	Texas	38			
MT	Montana	3			
WY	Wyoming	3			
CO	Colorado		9		
NM	New Mexiko	5			
UT	Utah	6			
AZ	Arizona			11	
ID	Idaho	4			
NV	Nevada		6		
WA	Washington		12		
OR	Oregon		7		
CA	Kalifornien		55		
AK	Alaska	3			
HI	Hawai		4		
Gesamtzahl 538, davon		218	**227**	**16**	77

tritt Joe Biden in seinem Wohnort Wilmington, Delaware, vor die Kameras der wartenden Journalisten. Da ist schon klar, dass es den von vielen erhofften erdrutschartigen Sieg der Demokraten nicht geben wird, sondern mit einem knappen Ergebnis zu rechnen ist. Biden bemüht sich, keine Verliererstimmung aufkommen zu lassen. Er macht Hoffnung, dass man auf dem Weg ist, die Wahl zu gewinnen. Die Auszählung werde aber wegen der vielen Briefwählerinnen und Briefwähler vermutlich lang dauern. In Richtung seines Gegenspielers erklärt er mit Nachdruck: Die Wahl ist erst vorbei, wenn auch die letzte Stimme gezählt ist.

Kurze Zeit nach Biden, gegen halb drei in der Nacht, meldet sich Trump zu Wort. Er dankt den Wählerinnen und Wählern für die angeblich überragende Unterstützung für ihn und zählt eine Reihe von Bundesstaaten auf, in denen er mit großem Vorsprung gewonnen habe. Obwohl die Auszählung der am Tag abgegebenen Stimmen noch in vollem Gang ist und die der Wahlbriefe in den meisten Bundesstaaten noch gar nicht oder gerade erst begonnen hat, erklärt er sich mit einem schon gespenstisch-weltfremd wirkenden Satz zum Sieger: „Ehrlich gesagt, wir haben diese Wahl gewonnen."[1] Danach fordert er, keine weiteren Stimmen zu zählen und die Wahl zu beenden. Er werde den *Supreme Court* auffordern, in diesem Sinn zu entscheiden. Was er vor der Wahl schon verschiedentlich angekündigt hatte, ist wahr geworden: In der Art eines Handstreichs, ohne jede Rechtsgrundlage, erklärt er sich zum Sieger.

Nach Angaben von *CNN* und anderen Medien gibt es am Tag nach der Wahl, am 4. November 13:30 Uhr Ortszeit (19:30 MEZ) folgendes Wahlergebnis: Biden und die Demokraten haben gewonnen oder liegen vorn: an der Pazifikküste in Washington, Oregon und Kalifornien, im Osten in den Bundesstaaten von Virginia bis Maine, ferner Colorado und New Mexico sowie Minnesota und Illinois. Trump und die Republikaner haben gewonnen oder liegen vorn: in den Bundesstaaten von Idaho im Westen bis Ohio und West Virginia im Osten sowie von Montana und North Dakota im Norden bis Florida im Süden. Noch völlig offen ist die Wahl in Nevada, Arizona, Georgia, North Carolina, Pennsylvania, Wisconsin und Michigan. Das gilt auch für Hawaii und Alaska, die aber keine entscheidende Rolle spielen werden.[2] (Siehe Karte 1)

Die Verteilung der Stimmen im *Electoral College* ist:

Biden 227, Trump 213.

Trump, der sich schon zum Sieger erklärt hatte, liegt damit 14 Stimmen hinter Biden. Die erforderliche Mehrheit von 270 Stimmen ist für jeden der zwei Kandidaten noch weit entfernt. Die Trump-treue *New York Post* schreibt am 4. November aber schon einmal: „Wer auch immer gewinnt, die Wahl hat die Betrüger und Lügner entlarvt, die als unsere Eliten posieren, halb Amerika wird das nicht vergessen." [4]

Zwei Tage nach der Wahl, am Donnerstag, gibt es noch immer kein Ergebnis. Fest steht, es ist ein Kopf-an-Kopf-Rennen. Die Liste der Bundesstaaten, in denen es nach Associated Press noch kein Ergebnis gibt, ist lang: Zu Biden tendieren Nevada, Colorado, Wisconsin, Michigan, Pennsylvania und Virginia, zu Trump Utah, Iowa, Missouri, Ohio, North Carolina, Florida und New Hampshire. Einige der Saaten waren schon einmal als sicher für einen der beiden Kandidaten gezählt worden.

Am Freitag gibt es dann aber ein wichtiges Ereignis: Per Eilmeldung wird 11:25 a.m. ET (Ortszeit im Osten der USA, 15:25 Uhr MEZ) mitgeteilt, dass Biden in Pennsylvania mit 20 Wahlleute-Stimmen den bis dahin führenden Trump überholt hat. *Am 7. November erklärt Associated Press Biden zum Sieger.* Andere schließen sich dem an. In einigen der umstrittenen Bundesstaaten liegen die Kandidaten aber dicht beieinander: in Pennsylvania, Arizona, Nevada, Georgia sowie in Alaska und Hawaii. In North Carolina liegt Trump faktisch uneinholbar vor Biden. Nach *CNN* beträgt das Stimmenverhältnis:

Biden 253 und Trump 213.

Andere TV-Stationen geben Zahlen an, die geringfügig von denen der *AP* abweichen. So zählt *Fox News* Arizona schon zu den Bundesstaaten, die Biden gewonnen hat. Andere Medien folgen dieser Einschätzung noch nicht. In Bundesstaaten mit einer Differenz der Wählerstimmen zwischen den beiden Kandidaten von weniger als 0,5% muss nachgezählt werden. Am 7. November deutet sich schon an, dass das für Pennsylvania (0,4 %) und Georgia (0,1%) zutreffen wird.

Nach der Bekanntgabe von Bidens Vorsprung in Pennsylvania gibt Trump seinem Haussender *Fox News* ein Interview. Dazu erscheint er mit einer Verspätung von 45 Minuten. Wie die meisten Medien anschließend berichten, wirkt er während des Gesprächs ausgesprochen müde und erschöpft, nicht so energiegeladen wie üblich. Besonders registriert wird *ein* Satz: Es sei ihm eine Ehre gewesen, den USA dienen zu dürfen. In Medien-Kommentaren wird registriert, dass er die Vergangenheitsform wählt. Ferner verspricht Trump den Moderatoren der Sendung, er werde sich nicht zum Wahlsieger erklären, bevor er die Mehrheit von 270 Stimmen des *Electoral College* erreicht habe, denn, es gebe keinen Grund, Spiele zu spielen. Auch diese Aussage wird in den Medien hervorgehoben: Deutet er damit an, dass er doch irgendwann zu einer Art von friedlicher Machtübergabe bereit ist?[5]

Nachdem auch *Fox News, CNN, NBC* und mehrere andere TV-Stationen den Vorsprung von Biden in Pennsylvania gemeldet haben, wendet auch er sich an die Öffentlichkeit. Seine Kernaussage lautet: Er werde der Präsident aller Amerikanerinnen und Amerikaner sein, die gespaltene Nation wieder einen und den verlorengegangenen Respekt des Landes in der Welt zurückholen. Kamala Harris, die anschließend spricht, erklärt mit einem gewissen Pathos, man befinde sich an einer Zeitenwende. Die Seele Amerikas stehe auf dem Spiel.[6]

Trump zeigt sich nach seinem Interview bei Fox News erst einmal nicht mehr in der Öffentlichkeit. Per Twitter kündigt er aber immer wieder an, dass er den angeblichen Wahlbetrug der Demokraten nicht akzeptieren werde. Eine ganze Armee von Anwälten arbeitet in diesem Sinn für ihn und reicht immer neue Klagen in verschiedenen Bundesstaaten ein. Die meisten von ihnen werden abgewiesen, da es keinerlei belastbare Hinweise auf Wahlfälschung gibt. In einigen Fällen wird eine Nachzählung angeordnet, die nur zu unbedeutenden Veränderungen bei den Zahlen führt. Einzelne, auch prominente Republikaner, beginnen, sich vorsichtig von Trump abzusetzen. Dabei handelt es sich aber vor allem um Personen, die schon vorher dem Präsidenten gegenüber Kritik geübt hatten. Die Mehrheit in der Partei ist dazu noch nicht bereit.

Eine Woche nach der Wahl, am 10. November, gibt es trotz weiterer Auszählungen immer noch kein endgültiges Ergebnis. Das Stimmenverhältnis hat sich allerdings weiter zugunsten von Biden entwickelt. Am Sonnabend, dem 14. November, melden *CNN* und andere:

Biden: 306 Wahlleute (50,9%), Trump: 232 (47,3%).

Noch nicht endgültig klar ist das Wahlergebnis in Arizona, Pennsylvania, Georgia, Wisconsin und Michigan. Auf der folgenden Karte 2 werden Nevada und North Carolina nicht dazu gerechnet, sie gehören aber dazu. In Nebraska und Maine werden die Wählerstimmen, dem Ergebnis entsprechend, zwischen

Karte 2: Wahlergbenis nach *CNN* am 14.11.2020
Stand 2:01 p.m. ET (= 20:11 MEZ)

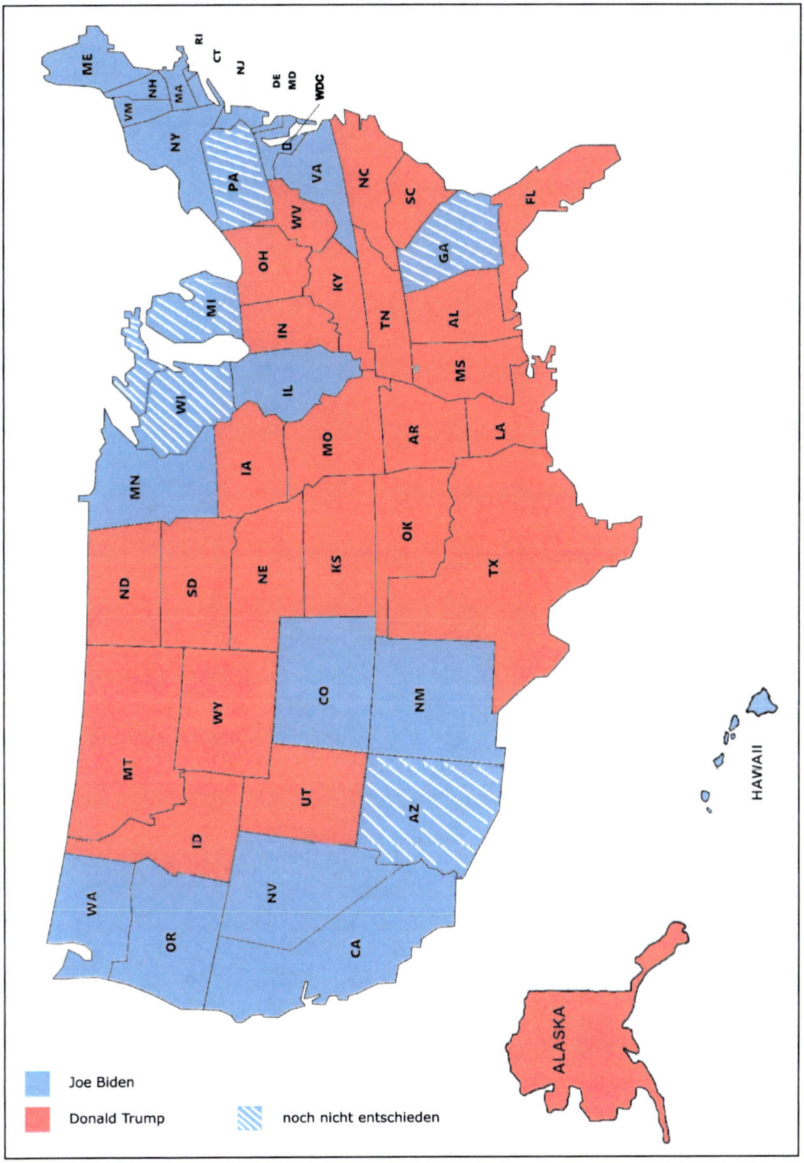

Bundesstaaten von Ost nach West
Anzahl der Wahlleute. Ein Zwischenergebnis

(* Maine und Nebraska haben als einzige Bundesstatten Verhältniswahlrecht)

		Trump	Biden	unentschieden	noch nicht ausgezählt
MN	Maine*	1	3		
NH	New Hampshire		4		
VT	Vermont		3		
MA	Massachusetts		11		
RI	Rhode Island		4		
CT	Conneticut		7		
NJ	New Jersey		14		
DE	Delaware		3		
MA	Maryland		10		
WDC	Washington DC		3		
NY	New York		29		
PA	Pennsylvania				20
VA	Virginia		13		
WV	West Virginia	5			
NC	North Carolina				15
SC	South Carolina	9			
GA	Georgia				16
FL	Florida	29			
MI	Michigan				16
OH	Ohio		18		
KY	Kentucki	8			
TN	Tennessee	11			
AL	Alabama	9			
MS	Missisippi	6			
WI	Wisconsin				10
IN	Indiana	11			
IL	Illinois		20		
MN	Minnesota		10		
IA	Iowa	6			
MO	Missouri		10		
AR	Arkansas		6		
LA	Louisiana		8		
ND	North Dakota	3			
SD	South Dakota	3			
NE	Nebraska*			5	
KS	Kansas	6			

		Trump	Biden	unentschieden	noch nicht ausgezählt
OK	Oklahoma	7			
TX	Texas	38			
MT	Montana	3			
WY	Wyoming	3			
CO	Colorado		9		
NM	New Mexiko	5			
UT	Utah	5			
AZ	Arizona			11	
ID	Idaho	4			
NV	Nevada		6		
WA	Washington		12		
OR	Oregon		7		
CA	Kalifornien		55		
AK	Alaska	3			
HI	Hawai		4		
Gesamtzahl 538, davon		**228**	**232**	16	62

den zwei Parteien gesplittet. – Das am 15. November vorliegende Zwischenergebnis der Wahlen zum Senat lautet: Republikaner: 50, Demokraten 48 Sitze.

Regierungsbehörden bezeichnen die Wahl als eine der sichersten in der Geschichte der USA. Obwohl Trump schon zweimal vage angedeutet hatte, er könnte eventuell bereit sein, seine Lage realistisch zu sehen, ist er nicht bereit, die Niederlage zu akzeptieren. Er kündigt weitere Klagen an. Seine Anwälte unter der Führung seines persönlichen Anwalts und Vertrauten Rudy Giuliani, ehemals Bürgermeister von New York, versuchen es in Pennsylvania und Wisconsin. In Pennsylvania fordern sie, das Wahlergebnis insgesamt abzulehnen. Stattdessen soll der Kongress des Bundestaates, in dem die Republikaner die Mehrheit haben, die Wahlleute für das *Electoral College* benennen. Diese

Variante hatte Trump schon einmal lange vor der Wahl ins Gespräch gebracht. Die Wahlleute würden dann nicht für den Sieger Biden, sondern für den Verlierer Trump stimmen. Das zuständige Gericht in Pennsylvania lehnt die von den Anwälten Trumps beantragte einstweilige Verfügung schon wenige Tage später ab. Die Klage sei ohne Beweise vorgelegt worden und enthalte nur Argumente ohne Wert sowie spekulative Behauptungen. In Wisconsin werden auf die Forderung der Trump-Anwälte hin die Stimmen in zwei Bezirken neu ausgezählt, ohne dass sich etwas ändert. Auch in Georgia lässt Trump Klage einreichen. Als Ergebnis verringert sich der Vorsprung von Biden gerade einmal um 2.000 Stimmen, was für das Endergebnis ohne Bedeutung ist.

Trump behauptet auch mehr als zwei Wochen nach der Wahl bei einem von den amerikanischen Medien berechneten Stand von 306 Wahlleuten für Biden und 232 für Trump, der Sieg sei ihm durch Betrug gestohlen worden. Gerichtsbeständige Beweise hat er dafür nicht. Nach wie vor lässt er Gerüchte verbreiten, dass die bei der Wahl verwendete Software seinem Rivalen zu viele Stimmen zugeschrieben habe. Ferner behauptet er, bei der Auszählung der Briefwahlstimmen habe es gefälschte Stimmzettel für Biden gegeben. Mit seinen Klagen und Erklärungen hat er inzwischen erreicht, dass nach einer Umfrage von *CNN* etwa 70 Prozent der republikanischen Wähler glauben, Trump sei der eigentliche Wahlsieger. Auf diesem Hintergrund verweigert der noch amtierende Präsident seinem Nachfolger Biden weiterhin jeden Zugang zu den Ministerien und Behörden, der unbedingt erforderlich ist, um eine geordnete Machtübergabe zu ermöglichen.

Am 23./24. November, drei Wochen nach der Wahl, weist Trump die zuständigen Institutionen endlich an, Joe Biden bei der Übertragung der Macht zu unterstützen und ihm den erforderlichen Zugang zu den Ministerien und Behörden zu gewähren. Er bleibt aber bei seiner Behauptung, er habe die Wahl gewonnen, der Sieg sei ihm gestohlen worden.

In diesem Sinn lässt er seine Anwälte weiter Klagen einreichen. Über 50 solcher Versuche scheitern vor den zuständigen Gerichten. Die Urteile werden von vielen republikanischen Richtern mitgetragen. Dann geht er noch zweimal vor den *Supreme Court*. Der erste Antrag zielt auf eine Revision des Wahlergebnisses im Bundesstaat Pennsylvania. In einem zweiten klagt das republikanisch geführte Texas gegen die Wahlergebnisse von vier Bundesstaaten: Georgia, Michigan, Pennsylvania und Wisconsin. Diese Klage wird von 17 republikanisch regierten Bundesstaaten sowie von mehr als der Hälfte der republikanischen Mitglieder des Repräsentantenhauses unterstützt. Trump versucht, die Obersten Richter und Richterinnen in seinem Sinn zu beeinflussen: „Tun Sie das, was, wie jedermann weiß, getan werden muss! ... Retten Sie die USA!“[7] Der *Supreme Court* lehnt beide Klagen ab. Dem Urteil stimmen auch die drei Mitglieder zu, die von Trump eingesetzt worden sind. Die Wochenzeitung *Freitag* hatte kurz davor gefragt: „Wie zerstörerisch wird er im Laufe seines Sturzes sein? ... Er will unbedingt verhindern, was für ihn die ultimative Katastrophe ist: ein *loser* zu sein.“[8] Die Justiz bewährt sich in dieser schwierigen Situation als Institution der Demokratie und hindert ihn daran, alles zu zerstören.

Karte 3[9]: Vorläufiges Endergebnis der Wahl (es wird später als amtliches Wahlergebnis bestätigt)

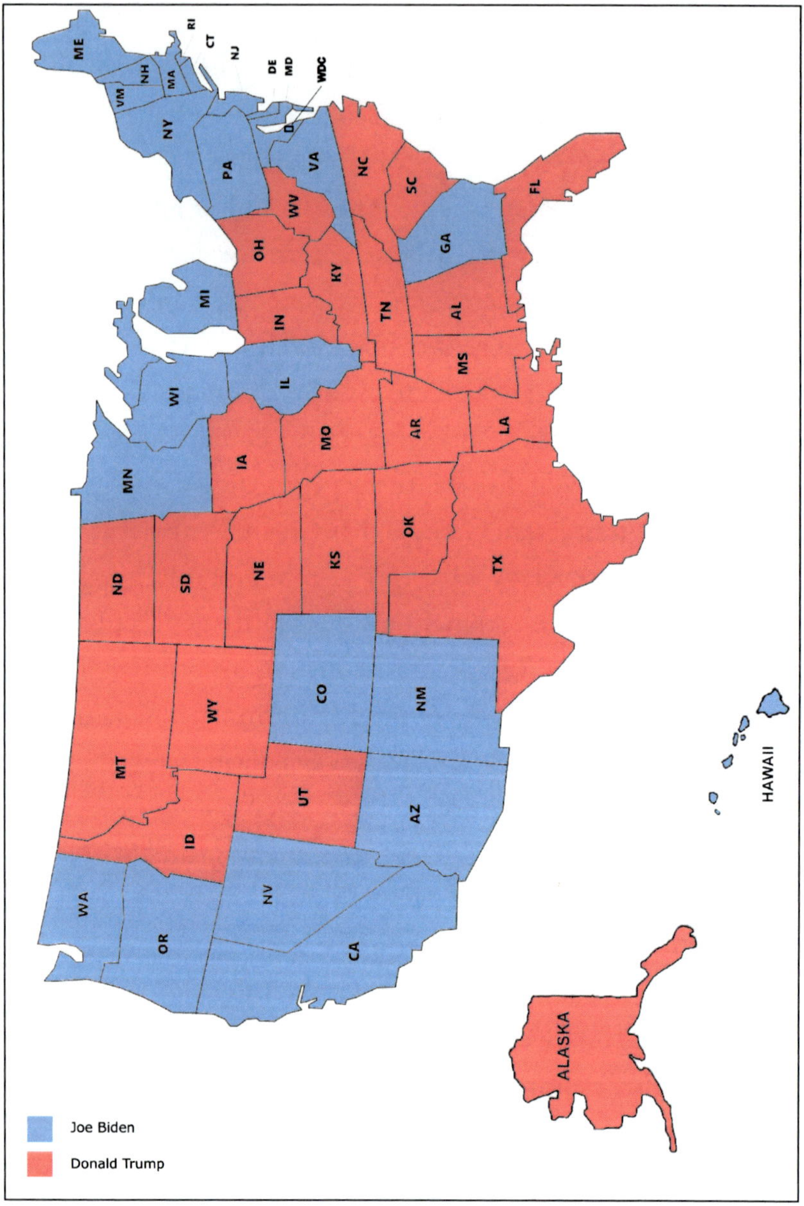

Bundesstaaten von Ost nach West
Anzahl der Wahlleute. Amtliches Wahlergebnis

(* Maine und Nebraska haben als einzige Bundesstatten Verhältniswahlrecht)

		Trump	Biden
MN	Maine*	1	3
NH	New Hampshire		4
VT	Vermont		3
MA	Massachusetts		11
RI	Rhode Island		4
CT	Conneticut		7
NJ	New Jersey		14
DE	Delaware		3
MA	Maryland		10
WDC	Washington DC		3
NY	New York		29
PA	Pennsylvania		20
VA	Virginia		13
WV	West Virginia	5	
NC	North Carolina	15	
SC	South Carolina	9	
GA	Georgia		16
FL	Florida	29	
MI	Michigan		16
OH	Ohio	18	
KY	Kentucki	8	
TN	Tennessee	11	
AL	Alabama	9	
MS	Missisippi	6	
WI	Wisconsin		10
IN	Indiana	11	
IL	Illinois		20
MN	Minnesota		10
IA	Iowa	6	
MO	Missouri	10	
AR	Arkansas	6	
LA	Louisiana	8	
ND	North Dakota	3	
SD	South Dakota	3	
NE	Nebraska*	4	1
KS	Kansas	6	

		Trump	Biden
OK	Oklahoma	7	
TX	Texas	38	
MT	Montana	3	
WY	Wyoming	3	
CO	Colorado		9
NM	New Mexiko		5
UT	Utah	6	
AZ	Arizona		11
ID	Idaho	4	
NV	Nevada		6
WA	Washington		12
OR	Oregon		7
CA	Kalifornien		55
AK	Alaska	3	
HI	Hawai		4
Gesamtzahl 538, davon		**232**	**306**

Trump beschimpf die Obersten Richter und Richterinnen, indem er ihr Urteil als großen und skandalösen Justizirrtum bezeichnet.

Am Montag, dem 14. Dezember, treten die 538 Wahlleute, die *electors*, zusammen. Wie vorgeschrieben, ist es der Montag nach dem zweiten Mittwoch des Dezembers. Sie treffen sich nicht an einem Ort, sondern jeweils in der Hauptstadt ihres Bundesstaates. Durchgeführt werden zwei Wahlgänge, getrennt für den Präsidenten und die Vizepräsidentin. Die an die Wahlleute verteilten Stimmzettel werden eingesammelt, gezählt, zertifiziert und in versiegelten Umschlägen an den Präsidenten des Senats, den amtierenden Vizepräsidenten Mike Pence, geschickt. Die Stimmzettel werden dann am 6. Januar in einer gemeinsamen Sitzung beider Kammern des Kongresses gezählt. Am Ende wird das offizielle Wahlergebnis verkündet. Damit ist der Weg frei für die feierliche Amtseinführung mit der Inaugural-Rede des neuen Präsidenten am 20. Januar 2021.

Das noch vorläufige Wahlergebnis lautet nach *CNN*:

Biden	306 Stimmen	
	81.283.098 Wählerstimmen	= 51,3 %
Trump	232 Stimmen	
	74.222.985	= 46,8 % [10]

Im Repräsentantenhaus müssen die Demokraten Verluste hinnehmen, behalten aber die Mehrheit. Im Senat entscheidet sich Anfang Januar 2021, ob es eine Mehrheit oder Stimmengleichheit gibt.

*

In den Wochen nach der Wahl, bis zum 15. Dezember, steigen die Zahlen der Neuinfizierten und der mit oder im Zusammenhang mit Corona Gestorbenen in astronomische Höhen:

	Infizierte	Tote
Oktober	1.778.294	21.889
November	4.333.608	35.892
01.–15. Dezember	2.796.019	29.974 [11]

*

Zu den gewaltigen Problemen und Herausforderungen der Amtszeit von Joe Biden und Kamala Harris gehören:

– Die Corona-Pandemie hat das Land fest im Griff. Mit der Zahl der Infizierten und Toten übertrifft es im Verhältnis zur Bevölkerungszahl alle anderen Länder. Im November und in der ersten Dezemberhälfte gerät die Pandemie völlig außer Kontrolle.

- Die USA gehören durch Trump zu den Staaten, die die größten Gegner einer notwendigen neuen Klimapolitik sind. Eine Umfrage der Zeitschrift *Scientific American* unter führenden Wissenschaftlern macht die konkreten Aufgaben der künftigen Regierung deutlich.[12]
- Rassismus belastet die Geschichte der USA von Beginn an. Trotz aller Fortschritte ist er in beträchtlichen Teilen der Gesellschaft nach wie vor nicht überwunden.
- Die Wirtschaft beginnt, sich leicht zu erholen, ist aber bei weitem noch nicht über den Berg. Die Lage ist vor allem durch den sprunghaften Anstieg der Infektionszahlen nach wie vor äußerst labil.
- Die Arbeitslosigkeit ist zurückgegangen. Weiterhin sind aber etwa sieben Prozent ohne Job und möglicherweise bald ohne jede Unterstützung durch den Staat. Vielen Menschen, vor allem der *working class*, drohen Not und Elend. Viele hungern und frieren.
- Die *middle class*, einst eine der Hauptstützen des gesellschaftlichen Systems, ist schwer angeschlagen. Vielen drohen der Verlust ihres Vermögens und der soziale Absturz.
- Das auf Maximalprofit ausgerichtete Gesundheitssystem hat während der Pandemie gezeigt, dass es seinen Aufgaben nicht gewachsen ist. Millionen von Bürgern und Bürgerinnen sind nach wie vor nicht krankenversichert.
- Die Nation ist zweifach tief gespalten: in Oben und Unten sowie in Anhänger und Verächter von demokratischen Verhältnissen.

- Tief gespalten ist auch die Demokratische Partei in Linke, Moderate und Rechte.
- Die Außenpolitik der USA befindet sich durch Trump auf einem Kurs des Unilateralismus, der weitgehenden Negierung der Vereinten Nationen sowie internationaler Organisationen und Bündnisse. Die Frage der weiteren Beziehungen zu China und Russland ist noch offen. Droht ein neuer Kalter Krieg oder wird es eine einigermaßen friedliche Koexistenz mit Rivalität und Kooperation geben?[13] Umstritten sind ferner erforderliche Veränderungen in der Europapolitik und in der Stellung zur NATO.
- Ein Wahlsystem aus der Zeit der Postkutsche begünstigt vielerlei Verfälschungen des Wählerwillens. So reichen in Wyoming 190.000 Wählerstimmen für die Wahl eines Senators. In Kalifornien sind dafür 680.000 erforderlich.[14] Das Zwei-Parteien-System gewährt dritten Parteien keine Chance, an einer Regierung beteiligt zu sein.
- Der Besitz von Schusswaffen hat, vor allem auf Druck der mächtigen Waffen-Lobby, nach wie vor eine fast mythische Bedeutung. Allein 2020 wurden bis zum September über 15 Millionen Schusswaffen gekauft, fast doppelt so viel wie im vorangegangenen Jahr. Nach groben Schätzungen befinden sich in den USA etwa 400 Millionen Waffen im Privatbesitz.[15]
- Eine kleine Schicht der Gesellschaft verfügt über einen nahezu unvorstellbaren Reichtum. Einige der Multimillionäre und Milliardäre ahnen wohl inzwischen selbst, dass diese Ungerechtigkeit auf die Dauer ihren eigenen Interessen schaden und es so wie bisher nicht weitergehen kann. In diesem Sinn

äußerten sich etwa 100 Spitzenvertreter von Wirtschafts- und Bankimperien in einem Statement der einflussreichsten amerikanischen Lobbygruppe *Business Roundtable*. (Siehe S. 24f.)

Kein Präsident und keine Präsidentin können den Berg der Probleme in einer oder zwei Amtsperioden abtragen. Dazu wird es eines sehr viel längeren Zeitraumes bedürfen. Aber: Biden und Harris müssen damit anfangen, denn, wie es heißt: jede Reise beginnt mit einem ersten Schritt. Für eine Mehrheit der Bevölkerung müssen in den nächsten vier Jahren positive Veränderungen spürbar sein, muss erkennbar sein, dass es nicht so weitergeht wie bisher, sondern etwas Neues, Besseres versucht wird. Wenn das nicht gelingt, könnte Donald Trump 2024 wiedergewählt werden. Oder es könnte jemand seines Geistes, seines Weltbilds, seiner Politikvorstellungen und seiner moralischen Verkommenheit ins Weiße Haus einziehen. Und dann würde es Nacht in dem Land, das einst Vielen als Hort der Demokratie galt.

Da gibt es aber auch Grund zur Hoffnung: Die Männer und Frauen dieses Landes sind bekannt für ihren Optimismus, ihr Streben nach Neuem, bisher nicht Erprobtem, ihre Leistungsbereitschaft und ihren Erfindungsgeist. Möge Joe Biden, gewählt zum 46. Präsidenten der USA, die Weisheit, den Willen und die Kraft haben, diese Energien wieder zum Leben zu erwecken. Kamala Harris, gewählt als Vizepräsidentin, übernimmt zwar das „bedeutungsloseste Amt, das jemals von Menschen ersonnen wurde“, – so das vielleicht ein wenig zu harte Urteil des zweiten Präsidenten der USA John Adams. Möge es ihr gelingen, darin doch Statur zu gewinnen, um mit ihrer Dynamik, Leidenschaft und Erfahrung Joe Biden zu stärken und zu unterstützen.

Quellen

1 *Berliner Zeitung*, Die Legende vom drohenden Wahlbetrug, von Holger Schmale, 05.11.2020.

2 p.m. = post meridiem, nach Mittag; ET = Zeitzone im Osten der USA.

3 https://nypost.com/2020/11/04/biden-may-steal-an-election-for-the-elitists-but-dems-will-regret-it, *New York Post*, Biden may steal an election for the elitists, but Democrats will regret it, by Miranda Devine, 04.11.2020, 10:05 p.m.

4 https://edition.*CNN*.com/election/2020/results/president?iid=politics_election_national_map, Presidential Election Results and Electoral Maps 2020, und: https://edition.CNN.com/election/2020/results/president, CNN, Politics, Presidential Results.

5 https://www.fr.de/politik/donald-trump-us-wahl-muede, *Frankfurter Rundschau*, US-Wahl 2020. Hintergründe, Berichte, Diskussionen, ohne Datum; siehe auch: *Junge Welt*, Vorsprung für Biden wächst, 07./08.11.2020.

6 https://time.com/5906423/2020-election-results/map-updates-and-analysis, Time, Follow 2020 Results Live: Biden Says: „This is the Time to Heal in America" in Victory Speech, by Time Staff, 07.11.2020.

7 https://www.wsws.org/en/articles/2020/12/12/elec-d12.html?pk, *World Socialist Web Site*, *Supreme Court* rejects Texas lawsuit seeking to overturn US presidential election, by Jacob Crosse,11.12.2020.

8 https://www.freitag.de/autoren/the-guardian/ist-die-show-fuer-trump-vorbei?

9 https://de.wikipedia.org/wiki/praesidentschaftswahl-in-den-vereinigten-staaten.

10 https://edition.*CNN*.com/election/2020/results/president.

11 https://de.statista.com/statistik/daten/studie/1103602/umfrage/entwicklung-der-fallzahlen-des-coronavirus.

12 https://www.sonnenseite.com/de/zukunft/so-wuenschen-sich-wissenschaftler-dass-biden-den-klimawandel, *Sonnenseite* (Ökologische Kommunikation mit Franz Alt), 15.11.2020.

13 https://www.heise.de/news/china-usa-welchen-weg-geht-biden, *TELEPOLIS*, 26.11.2020.

14 https://www.neues-deutschland.de/artikel/1143786.us-wahl-legale-wahltricks, *Neues Deutschland*, Legale Wahltricks. Donald Trump ist nicht die einzige Bedrohung in den USA, von Rainer Oschmann, 31.10.2020.

15 https://www.heise.de/tp/features/usa-vor-der-wahl-be-ready-for-anything, *TELEPOLIS*, USA vor der Wahl: Be ready for anything, von Florian Rötzer, 28.10.2020.

Bemerkungen nach Redaktionsschluss

Am 6. Januar 2021 tagen Repräsentantenhaus und Senat gemeinsam, um das Ergebnis der Wahl vom 3. November 2020 zu bestätigen. Genau zu diesem Zeitpunkt putscht Donald Trump seine am Capitol Hill versammelten Anhänger derart auf, dass ein Teil von ihnen die Polizeiabsperrungen durchbricht und das Kongressgebäude stürmt. Der Mob verwüstet Teile des Hauses. Abgeordnete und Senatoren sowie die anwesenden Mitglieder des Electoral College, müssen, ebenso wie die Wahlunterlagen, in Sicherheit gebracht werden. Mit ziemlicher Sicherheit lässt sich sagen: Es handelt sich um den Versuch eines Staatsstreichs mit dem Ziel, das Ergebnis vom 3. November 2020, Trumps eindeutige Niederlage, ungültig zu machen. Gegen alles Recht will er im Amt bleiben oder eine Art von Schattenpräsidentschaft neben Joe Biden errichten und einen „Trumpismus", gegebenenfalls auch ohne ihn, erhalten. Es bleibt zu hoffen, dass Trump und diejenigen, die ihm dabei folgten, strafrechtlich zur Verantwortung gezogen werden.

Danksagung

Vor allem zu danken habe ich Astrid und Jörg Aßmann für großzügige und vielfältige Unterstützung. Die Gespräche mit Prof. Dr. Wolfgang Küttler über die USA und den „Rest der Welt" gaben mir viele Anregungen. Dieses Buch ist das dritte, das ich im *trafo* Verlag von Dr. Wolfgang Weist veröffentliche. Dazu kommt ein viertes, dessen Mitherausgeber ich war. Die Zusammenarbeit mit ihm empfand ich immer als angenehm und anregend. Sehr zu danken habe ich meiner Frau Edith Drechsler für viel Verständnis und Zuspruch. Schließlich gilt mein Dank Dr. Christine John, die mit dazu beigetragen hat, dass Einer, der zu der Zeit geboren wurde, als Franz von Papen Reichskanzler in Deutschland war, dieses Buch noch schreiben konnte.

Namensregister

(Joe Biden und Donald Trump werden wegen der Häufigkeit der Nennung nicht aufgeführt)

Über den Autor

Karl Drechsler, Prof. Dr., geboren 1932 in Annaberg (später Annaberg-Buchholz) im Erzgebirge. Abitur 1951 an der Anton-Günther-Oberschule in Annaberg-Buchholz. Studium der Theologie (4 Semester) und der Geschichte an der Theologischen bzw. der Philosophischen Fakultät der Martin-Luther-Universität zu Halle-Wittenberg. Examen 1956. Dissertation 1962 in Halle/Saale. Habilitation 1973 in Berlin. Professor an der Akademie der Wissenschaften der DDR 1976.

Seit 1956 an der Deutschen Akademie der Wissenschaften zu Berlin (später Akademie der Wissenschaften der DDR) als Assistent, Forschungsgruppenleiter und Stellvertretender Direktor am Institut bzw. Zentralinstitut für Geschichte, von 1986 bis 1990 als Direktor des Instituts für Allgemeine Geschichte der Akademie.

Bücher:

- Deutschland – China – Japan 1933–1939. Das Dilemma der deutschen Fernostpolitik, Berlin 1964
- Mitautor und Mitherausgeber: Atlas zur Geschichte, 2 Bände, Gotha/Leipzig 1973
- Mit Wolfgang Bleyer, Gerhard Hass und Gerhard Förster: Deutschland von 1939 bis 1945 (Deutschland während des zweiten Weltkriegs), Berlin 1975 (I. Auflage des Buches in Russisch, Moskau 1971)
- Mitautor und Mitherausgeber: Deutschland im zweiten Weltkrieg, 6 Bände, Berlin 1975 ff. (verantwortlich für Band 2)

- Mitautor und Mitherausgeber: Die USA und Europa 1917–1945, Berlin 1975
- Das Bündnis der Rivalen. Der Pakt Berlin – Tokio, Berlin 1978
- Mitautor: Guide to the Study of United States History Outside the U.S. 1945–1980, 5 vols., New York 1985, edited by Lewis Hanke with the Assistance of Many Historians in Many Lands (American Historical Association), New York 1985
- Die USA zwischen Antihitlerkoalition und Kaltem Krieg, Berlin 1986
- In cooperation with Christa Link: Alternative Concepts of United States Foreign Policy 1943–1947. European and Global Aspects of Postwar Relations with the Sowjetunion. Documents, Berlin 1992
- John F. Kennedy – Nikita Chruschtschow (GegenSpieler), Frankfurt am Main 1999 (Reprint 2014. Erschienen auf Chinesisch, Peking 2001)
- Von Franklin D. Roosevelt zu Donald Trump 1932–2017. Präsidenten, Demokraten und Republikaner, Liberale und Konservative der USA, Berlin 2018
- Weiterhin zahlreiche Aufsätze im In- und Ausland

Weitere Literaturempfehlungen

- Biden, Joe: Versprich es mir: Über Hoffnung am Rande des Abgrunds (Autobiografie), München 2020 (Aus dem Amerikanischen)
- Bolton, John: Der Raum, in dem alles geschah. Aufzeichnungen des ehemaligen Sicherheitsberaters im Weißen Haus, Berlin 2020 (Aus dem Amerikanischen)
- Koch, Tim: Joe Biden. Ein Porträt, München 2020 Osnos, Evan joe Biden, Berlin 2020 (Aus dem Amerikanischen)
- Theveßen, Elmar: Die Zerstörung Amerikas. Wie Donald Trump sein Land und die Welt für immer verändert, München 2020
- Wolff, Michael: Feuer und Zorn. Im Weißen Haus von Donald Trump, Hamburg 2018 (Aus dem Amerikanischen)
- Woodward, Bob: Wut, München 2020 (Aus dem Amerikanischen)

Wer sich über die deutschsprachige Literatur zu Trump und Biden sowie zur US-Wahl 2020 informieren möchte, kann das über Google: Deutsche Nationalbibliothek, Katalog

Aktuelle Berichte, Aufsätze und Blogs im Internet

- US-Wahl: Heute fällt die Entscheidung (die am 6. Januar bekannt gemacht wird) https://www.heise.de/tp/features/US-Wahl-Heute-faellt-die-Entscheidung-die-am-6-Januar-bekannt-gemacht-wird-4989313.html (Zugriff: 14.12.2020)
- Biden taumelt auf das Weiße Haus zu. https://www.wsws.org/de/articles/2020/12/16/pers-d16.html (Zugriff: 28.12.2020)
- Liveticker zum "Putschversuch" in Washington https://www.heise.de/tp/features/Liveticker-zum-Putschversuch-in-Washington-5005655.html (Zugriff: 06.01.2021)
- Ruhig schlafen mit dem neuen CIA-Chef? https://www.heise.de/tp/features/Ruhig-schlafen-mit-dem-neuen-CIA-Chef-5021851.html (Zugriff: 12.01.2021)
- https://www.heise.de/tp/features/In-Washington-herrscht-ein-Klima-der-Angst-5023610.html?seite=all (Zugriff: 14.01.2021)
- Der Bonapartist Donald Trump https://www.heise.de/tp/features/Der-Bonapartist-Donald-Trump-5022061.html (Zugriff: 16.01.2021)

- Trump begnadigt sich nicht selbst
  https://www.zeit.de/politik/ausland/2021-01/donald-trump-machtwechsel-usa-selbstbegnadigung-strafverfolgung?utm_source=pocket-newtab-global-de-DE
  (Zugriff: 20.01.2021)
- Zurück zum normalen Kapitalismus und auch zum Krieg?
  https://www.heise.de/tp/features/Zurueck-zum-normalen-Kapitalismus-und-auch-zum-Krieg-5031382.html
  (Zugriff: 21.01.2021)
- Donald Trump wagt letzten Versuch, das Ergebnis der US-Wahl 2020 umzukehren.
  https://f7td5.app.goo.gl/oMUxz1
  (Zugriff: 25.01.2021)
- Trump im "Exil": Gründet er jetzt die MAGA-Partei?
  https://www.heise.de/tp/features/Trump-im-Exil-Gruendet-er-jetzt-die-MAGA-Partei-5035203.html
  (Zugriff: 26.01.2021)
- Die Biden-Regierung: Illusion und Realität
  https://www.wsws.org/de/articles/2021/01/23/pers-j23.html
  (Zugriff: 26.01.2021)
- Mehr Zustimmung für Biden, als Trump je hatte
  https://www.spiegel.de/politik/ausland/usa-joe-biden-schlaegt-donald-trump-schon-jetzt-bei-den-

zustimmungswerten-a-c1593dba-5164-4462-aa41-e337f13c3874
(Zugriff: 29.01.2021)

- Das Kabinett von Biden
  https://de.m.wikipedia.org/wiki/Kabinett_Biden
  (Zugriff: 02.02.2021)
- Korruption in den USA nahm unter Trump deutlich zu
  https://www.nzz.ch/international/korruption-in-den-usa-nahm-unter-trump-deutlich-zu-ld.1598411
  (Zugriff: 03.02.2021)

https://www.sueddeutsche.de/wissen/psychologie-facebook-twitter-echokammer-filterblase-fake-news-trump-1.5219256?utm_source=pocket-newtab-global-de-DE

Bestellungen über jede gute Buchhandlung oder direkt beim Verlag
trafo Verlagsgruppe, Finkenstraße 8, 12621 Berlin
Tel: 030/612 99 418 mail: info@trafoberlin.de